DE L'ARGENT POUR TOUTES LES POCHES

Rituels, sortilèges, bains, amulettes et talismans pour attirer l'argent, l'abondance et la prospérité matérielle dans votre vie

Par

Alina A. Rubi

À toutes les sorcières qui ont brûlé et aux personnes qui ont été discriminées pour avoir cru au pouvoir de la magie.

ISBN : 9798770901627

Publié de manière indépendante

Introduction

J'ai entendu une fois "l'argent n'est pas la vie, mais il calme les nerfs". Bien que nous comprenions que l'argent ne nous apporte pas toujours le bonheur, il nous aide et parfois, quels que soient nos efforts, nous ne pouvons pas l'acquérir.

Dans ce livre, je veux vous proposer plusieurs sorts et rituels pour que vous puissiez attirer l'abondance économique dans votre vie, car lorsque tout semble aller de travers, l'aide spirituelle arrive à point nommé.

Le mot magie est lié au surnaturel, à ce qui n'a pas d'explication logique, mais dont nous savons qu'il existe. La science nous a apporté une infinité de bienfaits, mais elle n'a pas pu déchiffrer les pouvoirs de la magie, car plusieurs événements qui se produisent autour de nous défient les définitions scientifiques.

Dès mon enfance, j'ai vécu avec ma grand-mère, une descendante de gitans et une spirite très célèbre. Ses pouvoirs magiques étaient populaires et le fait de la côtoyer m'a permis non seulement d'apprendre la magie, mais aussi de voir qu'elle fonctionne. Malheureusement, tous les magiciens gardent leurs sorts secrets, mais s'il y a une chose que j'ai apprise, c'est que le savoir est fait pour être partagé, car nous sommes tous pareils.

La magie fonctionne. La plupart des gens qui réussissent, croyez-le ou non, le pratiquent, bien sûr ils ne vous le diront pas. Ils ont obtenu leurs succès parce qu'ils ont soigneusement exécuté certains des rituels que je vous propose dans ce livre.

Pourquoi mes sorts ne fonctionnent-ils pas ?

Il existe une infinité de raisons pour lesquelles un sort peut ne pas fonctionner, et c'est parce que nous commettons des erreurs par inadvertance. L'énergie rituelle est gaspillée si trop de personnes savent ce que vous faites. Si vous aimez faire de la magie, ne la répandez pas partout, vous devez garder votre énergie pour les rituels que vous allez pratiquer. C'était et c'est toujours l'une des règles les plus importantes des sorciers.

Il est très important d'avoir défini le but ou l'objectif du rituel ou du sort, car cela donnera de la vitalité au travail que nous faisons. Lorsque nous commençons à travailler avec la magie, nous devons savoir exactement quel est le but que nous souhaitons atteindre. Nous devons être capables de résumer notre objectif en une seule phrase logique.

Nous devons nous assurer que nous avons tous les composants dont nous allons avoir besoin et qu'ils sont exempts d'énergies négatives. Chaque rituel a une liste pour sa préparation, mais vous devez vous rappeler que nous pouvons faire des remplacements, si vous ne trouvez pas un élément, vous pouvez le substituer par un autre, et il servira le même objectif.

Notre humeur est essentielle, nos émotions doivent être équilibrées et nous devons nous sentir confiants et optimistes. Il ne devrait pas y avoir la moindre possibilité que nous voulions faire du mal à une autre personne. Le résultat d'un rituel dépend beaucoup de vous. Il est essentiel que vos émotions soient en phase avec la méthode. Par exemple, si vous voulez de l'argent, supposez que vous allez l'acquérir en grandes quantités. L'approche influence le résultat.

Pour obtenir des résultats positifs, nous devons les pratiquer au bon moment.

Ces périodes magiques sont liées à l'astrologie et nous devons les connaître et programmer nos rituels pour ces périodes qui seront les plus appropriées pour notre magie.

Vous ne devez pas exécuter des sorts du même type en même temps, car cela provoque un croisement des énergies. Concentrez-vous sur un seul sort pour obtenir un bon résultat, pour le simple fait d'essayer, vous ne travaillerez pas correctement, la simple idée d'en exécuter d'autres suffit à affaiblir le premier rituel. La chose la plus sage à faire est de renforcer le premier travail. Ne faites jamais de magie pour expérimenter, car cela pourrait causer des difficultés dans votre vie quotidienne, car cela pourrait provoquer des énergies étranges. Dans des circonstances particulières, comme des situations d'urgence, le rituel est répété au moins trois fois, des jours consécutifs de la même semaine, à l'heure indiquée sur la planète, et dans certains cas trois fois dans la même journée, mais toujours aux heures appropriées.

Les quatre points cardinaux sont essentiels pour obtenir de bons résultats dans la pratique de la magie. Les points cardinaux se distinguent par la position du Soleil par rapport à la Terre : Nord, Sud, Est, Ouest.

La nature est guidée par ces quatre points, c'est pourquoi chacun d'eux comporte l'un des éléments rituels. Chacun a des qualités et des énergies uniques.

Le Nord est lié à la terre, à la sécurité et à la cohérence. C'est une énergie féminine et fertile. Elle est symbolisée par la couleur verte. Il est lié à la santé et à la puissance du physique. Ce point favorise les rituels d'argent et le succès.

L'Ouest correspond à l'eau, il est émotionnel, sensible, généralement représenté par la couleur bleue. Les pratiques dédiées à ce point cardinal activent toutes sortes d'affaires.

Le sud est le feu, il montre l'énergie, les activités psychiques, la passion et le désir. C'est une énergie masculine. Il correspond à la couleur rouge.

L'Est représente l'air, il est associé à l'intellect, la créativité, l'abstraction et les facultés mentales. C'est une énergie masculine, sa couleur est le jaune.

Tous les éléments sont primordiaux dans notre vie et ils ont des caractéristiques positives et négatives. Il est essentiel de les connaître afin de canaliser et de sauvegarder les énergies de manière appropriée. Tous les rituels magiques peuvent commencer par une invocation aux points cardinaux et la formation d'un cercle d'énergie à l'intérieur duquel invoquer les entités sacrées. Chacun de ces points géographiques possède une vibration particulière, qu'il est bon de connaître afin d'en tirer parti dans nos rituels.

Cercle magique pour vos rituels

Le cercle magique est un cercle consacré dans lequel des opérations secrètes sont effectuées. C'est un espace hermétique pour les formules magiques et les rituels, il agit comme une barrière protectrice contre les mauvaises énergies.

À l'intérieur de ce cercle magique, la personne qui effectue le rituel peut invoquer ou évoquer tout être spirituel dont elle a besoin pour l'aider dans son rituel. Les cercles magiques sont créés pour que le magicien et les personnes participant au rituel puissent y rester pendant l'opération magique. Le cercle doit être propre et rester sacré afin qu'il fonctionne comme un mur de protection.

Vous devez délimiter l'espace pour le rituel avant de commencer. Tout le monde ne dispose pas le cercle de la même manière ; expérimentez ce qui vous convient le mieux. Déterminer l'espace que vous utiliserez pour votre rituel est très important. Examinez si vous serez assis ou debout, si vous serez seul ou accompagné.

Vous devez confirmer que vous avez tout ce dont vous avez besoin pour le rituel avant de tracer le cercle. Si vous devez interrompre le rituel pour une raison quelconque, essayez d'imaginer une petite porte dans le cercle, que vous pouvez fermer jusqu'à votre retour. De cette façon, le cercle n'est pas brisé. Purifiez votre espace rituel, nettoyez physiquement, organisez et passez l'aspirateur si nécessaire. Purifiez la zone des énergies négatives et vous pouvez commencer à tracer votre cercle.

Il y a différentes façons de le faire, généralement les gens tracent avec une baguette magique, ou à la main. L'instrument que vous utilisez ne doit pas nécessairement toucher le sol, il suffit de le diriger vers le bas. Visualisez l'énergie qui vient de votre intérieur et concentrez-la dans votre bras dominant. Concentrez-vous à travers votre instrument et visualisez un faisceau d'énergie qui en émane et qui fusionne avec le sol. Certains lanceurs de sorts appellent les quatre points (nord, sud, est et ouest), si le rituel implique des invocations. Dans certains cas, le cercle est délimité par des bougies ou des pierres. Il est conseillé d'imaginer le cercle comme une sphère d'énergie. Une fois le cercle dessiné, vous pouvez commencer le rituel, mais vous ne devez jamais oublier l'existence du cercle.

Pour ouvrir le cercle, il faut le marquer dans le sens des aiguilles d'une montre, et pour le quitter et le fermer dans le sens inverse des aiguilles d'une montre. Pour protéger votre cercle, et aussi pour le marquer visuellement, vous pouvez placer quatre tourmalines noires aux quatre points cardinaux. Lorsque vous fermez le cercle, vous les ramassez et les nettoyez avec du sel marin.

Pour conclure, nous pouvons résumer que les rituels se composent de deux phases importantes : l'organisation et la réalisation. Pendant la préparation, nous définissons le but du rituel, l'heure et le jour où nous commencerons, les couleurs appropriées, les bougies, l'encens, la disposition de l'autel. Les vêtements que nous utiliserons doivent être très légers pour permettre le mouvement. Les couleurs peuvent être blanches ou claires afin de créer un flux énergétique. Les matériaux nécessaires, ainsi que les textes. Lorsque nous allons procéder, c'est-à-dire dans la phase d'exécution, nous devons purifier l'espace, préparer l'autel, être détendus non seulement spirituellement mais aussi physiquement. Ouvrez le cercle magique et commencez à visualiser le but du rituel déjà accompli. Les invocations sont extrêmement importantes, transcrivez ou répétez exactement la prière à dire au moment précis. Les invocations et les prières sont mises en place ensemble pour servir de lien entre le monde matériel avec lequel vous travaillez et le monde spirituel dans lequel vous envoyez des vibrations. Ne changez pas un mot, suivez toutes les instructions.

Enfin, n'oubliez pas que vos guides spirituels, archanges, anges ou saints sont l'intercesseur auprès de Dieu ou de l'Univers pour la réalisation de vos souhaits. Prononcez toujours les mots avec la foi et la confiance que ce que vous désirez se réalisera.

N'oubliez pas que les bougies sont allumées avec des allumettes en bois, qu'elles doivent être ointes ou consacrées et enfin fermez votre cercle magique.

Eau sainte, eau sacrée et eau de lune

Dans certains rituels, nous devons utiliser de l'eau bénite. Il est faux de croire que cette eau ne peut être achetée que dans un lieu religieux. Vous pouvez fabriquer votre propre eau sainte ou eau sacrée, comme j'aime l'appeler.

Il est très facile à préparer et son élément principal, l'eau, se trouve dans nos foyers. L'eau bénite est très dynamique et disperse les énergies négatives.

Matériaux pour fabriquer votre eau bénite :

- Une tasse d'eau, nature.

- Une cuillère à soupe de sel de mer ou de sel de l'Himalaya.

Placez l'eau à votre gauche et le sel à votre droite, face à vous. (Peu importe le matériau du récipient, vous pouvez utiliser des gobelets en verre ou en plastique).

Placez votre main droite sur l'eau et votre main gauche sur le sel, elles seront croisées. Répétez à voix haute ou dans votre esprit : "Par le pouvoir qui m'est conféré, je libère ces éléments de toute négativité, que la lumière de l'univers les purifie, et lorsqu'ils se réuniront, ils ne seront en phase qu'avec tout ce qui est bonté et amour".

Puis vous les mélangez dans un pot, vous le secouez et vous le couvrez. Si vous êtes un praticien du Reiki, vous pouvez donner de l'énergie avec les symboles du niveau II et III, sinon vous pouvez dessiner avec votre index un pentacle comme protection.

L'eau sacrée.

Mettez un quartz blanc dans un récipient en verre à large ouverture, puis versez de l'eau et laissez-le pendant 24 heures. Le lendemain, retirez le quartz et transférez l'eau dans une petite bouteille que vous pourrez utiliser pour vos rituels.

Tenez la bouteille à deux mains et demandez à vos guides spirituels de bénir l'eau avec des énergies positives et de la lumière.

Eau de la pleine lune.

L'eau de la pleine lune est similaire à l'eau bénite pour les sorcières. Vous pouvez l'utiliser dans des rituels, des sorts pour améliorer vos travaux magiques et pour des bénédictions. L'eau de lune est une eau exposée à la lumière de la pleine lune. De cette façon, il capte les propriétés de l'énergie lunaire et permet de l'utiliser facilement pour renforcer nos rituels ou pour nettoyer notre environnement. Je l'utilise comme eau bénite ; à chaque pleine lune, je la prépare dans un grand récipient en verre, je le laisse découvert toute la nuit, exposé à la lumière de la pleine lune, avec un quartz blanc à l'intérieur et je le récupère avant le lever du soleil. Les huiles essentielles peuvent être mélangées à l'eau de la lune, ce qui renforcera son effet.

La magie du temps

Quel jour et quelle heure de la journée est gouverné par la planète qui régit l'objet du rituel ?

Chaque jour à ses énergies spécifiques et sa propre magie. Le secret est d'être capable de canaliser ces connexions de manière pratique dans vos sorts et vos travaux magiques. L'une des sagesses les plus respectées parmi les praticiens de la magie et de l'ésotérisme est le bénéfice des heures planétaires, comprises comme les espaces de temps qui sont sous les influences énergétiques d'une planète particulière.

Les correspondances planétaires magiques sont simples à utiliser. Tu dois t'entraîner à les incorporer, car cela renforce ta magie et la puissance de tes sorts. Lorsque vous commencerez à étudier ces correspondances, vous comprendrez pourquoi vos sorts ou vos bains de chance ne fonctionnaient pas auparavant.

Chaque jour compte 24 heures planétaires, mais contrairement aux heures que nous connaissons traditionnellement, elles ne sont pas limitées à des périodes de 60 minutes, elles peuvent être plus ou moins longues.

Il y a 12 heures planétaires diurnes et 12 heures planétaires nocturnes. Les heures planétaires diurnes vont du lever au coucher du soleil, tandis que les heures planétaires nocturnes vont du coucher du soleil à l'aube du jour suivant.

Les heures planétaires diurnes sont utilisées pour activer une intention magique particulière, tandis que les heures planétaires nocturnes sont imprégnées d'un autre type d'énergie et sont utilisées pour renforcer les sens, qui sont exacerbés pendant cette période.

En plus de les utiliser pour notre travail magique, nous pouvons utiliser les heures planétaires pour tirer le meilleur parti de notre journée. Dans le cas d'un jour spécial, de la signature d'un contrat important, d'un voyage, d'une fête, d'un rendez-vous amoureux, de l'achat d'une maison, etc., nous chercherons toujours l'heure propice en fonction de la nature de la planète qui nous convient le mieux.

Selon notre calendrier, le jour commence à 00h00 le soir et se termine à 00h00 le lendemain. Dans la tradition astrologique et ésotérique, la régence des heures du jour et de la nuit est partagée entre les sept planètes, de la plus éloignée à la plus proche. Dans l'Antiquité, les astrologues observaient les planètes visibles à l'œil nu et notaient la vitesse de chacune d'entre elles, de la plus rapide à la plus lente, pour faire le tour de la Terre : Saturne, Jupiter, Mars, le Soleil, Vénus, Mercure et la Lune. Et c'est cet ordre que vous devez apprendre pour déterminer quelle planète gouverne quelle heure (la Lune et le Soleil sont des luminaires, mais les anciens astrologues l'ignoraient).

Dans la tradition astrologique, chaque heure de la journée est gouvernée par une planète spécifique, et le cycle de ces heures est à l'origine du nom des jours de la semaine. Ce sont les anciens Chaldéens qui ont institué le calendrier de sept jours, équivalent aux noms des dieux et des planètes, et les ont nommés de la même façon.

Ils ont remarqué que la longueur des jours changeait en fonction des saisons, que deux fois par an, aux équinoxes de printemps et d'automne, les jours étaient de même longueur que les nuits. Pour cette raison, ils ont divisé chaque journée de 24 heures en deux parties de 12 heures.

Les heures du jour, qui vont du lever au coucher du soleil.

Les heures de nuit, qui vont du coucher au lever du soleil.

La sélection de l'heure planétaire consiste à choisir l'énergie planétaire la plus favorable pour le rituel ou le sort que nous allons effectuer.

Heure du Soleil : C'est une heure spectaculaire pour tout le monde et pour presque toutes les activités, propice aux rencontres avec des personnes influentes (patrons, directeurs de banque, hauts cadres, etc.), pour entamer une négociation. Pour organiser nos objectifs, nos vocations, notre carrière, pour obtenir des honneurs. Pour demander une augmentation de salaire, pour faire des présentations, pour parler en public. Pour les sorts liés au travail ou à l'argent. Rituels liés à l'obtention de promotions, aux relations avec les supérieurs et à la réussite.

Temps de Vénus : pour manifester notre énergie créative (peinture, musique, tout travail artistique). Pour notre santé, notre vitalité et notre estime de soi. Pour acheter de l'or et des bijoux. C'est une période propice pour les questions féminines, pour optimiser notre apparence, pour aller chez le coiffeur ou pour recevoir des traitements esthétiques. Approprié pour le shopping, la décoration de la maison, les sorties entre amis ou les rencontres amoureuses, les fêtes, les voyages, les demandes de faveurs, les partenariats et les investissements. C'est le moment idéal pour faire une demande en mariage et se marier. Également pour faire la paix après un conflit verbal ou une querelle. Pour les sorts ou rituels liés à l'amour, aux contrats et aux partenariats.

Mercure : Les gens sont plus expressifs, même les plus renfermés, car Mercure est la planète de la communication et, à moins d'être rétrograde, elle est favorable aux appels téléphoniques, à l'envoi de correspondance importante, à l'écriture, aux questions intellectuelles en général, aux études, aux petits voyages, à la signature de contrats, à la réparation de votre ordinateur et aux transactions commerciales. Des sorts de papiers, de contrats. Rituels liés aux affaires et aux transactions bancaires, aux études de base ou secondaires, à la signature de contrats et de communications, aux petits voyages et à la médecine alternative.

Temps de Mars : La nature impulsive de Mars nous incitera à être plus audacieux et moins prudents, ce n'est donc pas le bon moment pour entamer une dispute, car elle pourrait se terminer par une bagarre ; ni pour entreprendre un voyage en vue d'une transaction quelconque, car cette période est propice aux accidents, mais c'est un bon moment pour toute activité dans laquelle vous devez être plus énergique, comme l'exercice, ou une situation dans laquelle le courage est nécessaire. Il n'est pas bon pour démarrer un partenariat, ou se marier. Rappelez-vous que Mars a toujours tendance à être conflictuel. Vous pouvez exécuter des sorts contre les ennemis, des rituels liés au courage, à l'action et à la conquête. C'est une période conseillée pour les interventions chirurgicales, car elle favorise la capacité de guérison.

Heure lunaire : Le caractère émotionnel, féminin et nourricier de la Lune se manifeste dans les personnes et les fonctions de l'heure lunaire. Elle est propice aux affaires domestiques, aux discussions avec les mères et les femmes en général, et aux affaires familiales ; aux relations avec le public, à la cuisine, aux repas, au lavage et même à l'arrosage des plantes ; à la décoration de la maison et à son caractère plus accueillant. Sorts familiaux ou amoureux. Rituels liés au féminin, au foyer et à la fertilité.

Temps de Saturne : les gens semblent plus renfermés à cette époque car les énergies de Saturne sont toujours sombres, sa nature limitative apporte des problèmes et des retards ; il n'est pas conseillé de signer des contrats, d'avoir des relations sociales ou de commencer quelque chose, mais il est bon de commencer à construire une maison, car Saturne régit les structures, les fondations et la durée, d'acheter et de vendre des biens immobiliers et des questions liées à la terre. Également pour la démolition. C'est le moment idéal pour demander conseil à une personne âgée. Un autre aspect bénéfique peut être l'organisation, la discipline et le travail fastidieux. Excellent pour les sorts contre les ennemis ou pour retarder quelque chose. Rituels liés à la sagesse et aux études professionnelles.

L'heure de Jupiter : Le caractère bénéfique de Jupiter se reflétera dans les personnes et le travail de cette heure. Il est favorable pour l'achat de billets de voyage, pour tout contact avec des pays étrangers. Pour obtenir des privilèges dans les relations d'affaires, ou pour commencer une activité importante, pour inaugurer une entreprise, pour ouvrir un commerce ou pour prendre un engagement. Demander des faveurs aux personnes en autorité, obtenir des honneurs, acheter des biens immobiliers. Favorable aux sorts d'argent et aux questions juridiques. Rituels liés à la prospérité et à l'obtention d'un emploi. Pour se protéger, pour recouvrer la santé et pour entamer des études professionnelles.

Le calcul des heures planétaires est affecté par les heures de lumière et d'ombre dont vous disposez. Les périodes changent en fonction du point géographique où vous vous trouvez et de la saison de l'année (printemps, été, automne, hiver).

Pour travailler avec le pouvoir des heures planétaires et améliorer vos rituels magiques, vous devez connaître les heures de lever et de coucher du soleil dans votre pays, puis diviser le nombre de minutes de lumière du jour par 12 (le nombre d'heures planétaires de lumière du jour).

Cet exercice mathématique permettra de déterminer le nombre de minutes de chaque heure de jour planétaire. Ensuite, examinez-les *tableaux de référence et choisissez l'heure qui correspond le mieux à ce que vous souhaitez réaliser. Si, en plus de l'heure, vous choisissez un jour qui a l'influence de la même planète, vous donnerez plus d'énergie à votre rituel ou à votre sort.

Les règnes planétaires des jours.

Dimanche - Soleil

Lundi - Lune

Mardi - Mars

Mercredi - Mercure

Jeudi - Jupiter

Vendredi - Vénus

Samedi - Saturne

Vous pouvez vérifier l'ordre des heures, par jour de la semaine, dans les tableaux de référence des heures de jour et de nuit planétaires, une fois que vous connaissez la durée de chaque heure.

Selon les anciennes traditions occultes, en fonction de ces heures et du jour, vous maîtriserez quelle est la période la plus favorable pour le rituel que vous souhaitez faire, car un rituel d'argent fait dans le jour et l'heure de Jupiter est plus efficace et un sort d'amour fait dans le jour et l'heure de Vénus sera plus efficace.

Exemple de calcul des heures planétaires :

Imaginons que nous voulions connaître les heures planétaires pour le 7 décembre 2020 à Las Vegas. Un lundi.

L'heure du lever du soleil est 05h11 du matin.

L'heure du coucher du soleil est 18h38. (6 :38 pm)

La durée de la journée serait de : 18h38 - 05h11 = 13h 27m

Les heures planétaires ne durent pas 60 minutes, mais dépendent de la durée du jour et de la nuit, dans notre exemple :

Une heure planétaire diurne dure :

13 x 60 + 27 = 807 /12 = 1h 7m

Les heures de nuit sont calculées de la même manière.

La durée de la nuit est calculée :

  24h00 - 13h27 = 10h 33m

Une heure de nuit planétaire dure :

10h x 60 + 33/12 = 52m 45s

La première heure du jour appartient à la planète qui gouverne le jour, les heures qui suivent seront selon l'ordre planétaire donné ci-dessus.

Dans notre exemple :

La première heure de la journée est régie par la Lune car c'est lundi, elle commence à 05h11 et se termine à 06h18m, soit 01h07m plus tard. La deuxième heure, gouvernée par Saturne, commence à 06h18m et se termine à 07h25m. Et ainsi de suite.

NE PAS JOUER AVEC LES MATHÉMATIQUES !

Car sur planetaryhours.net vous pouvez le calculer sans trop de tourments. Le plus important est que vous connaissiez les symboles des planètes. Gardez à l'esprit qu'il s'agit uniquement des traditionnels, et non des modernes. C'est-à-dire que nous excluons Uranus, Neptune et Pluton.

*Tables de référence

Heures de jour

Hour	Sun	Mon	Tue	Wed	Thu	Fri	Sat
1	☉	☽	♂	☿	♃	♀	♄
2	♀	♄	☉	☽	♂	☿	♃
3	☿	♃	♀	♄	☉	☽	♂
4	☽	♂	☿	♃	♀	♄	☉
5	♄	☉	☽	♂	☿	♃	♀
6	♃	♀	♄	☉	☽	♂	☿
7	♂	☿	♃	♀	♄	☉	☽
8	☉	☽	♂	☿	♃	♀	♄
9	♀	♄	☉	☽	♂	☿	♃
10	☿	♃	♀	♄	☉	☽	♂
11	☽	♂	☿	♃	♀	♄	☉
12	♄	☉	☽	♂	☿	♃	♀

Heures de nuit

Hour	Sun	Mon	Tue	Wed	Thu	Fri	Sat
1	♃	♀	♄	☉	☽	♂	☿
2	♂	☿	♃	♀	♄	☉	☽
3	☉	☽	♂	☿	♃	♀	♄
4	♀	♄	☉	☽	♂	☿	♃
5	☿	♃	♀	♄	☉	☽	♂
6	☽	♂	☿	♃	♀	♄	☉
7	♄	☉	☽	♂	☿	♃	♀
8	♃	♀	♄	☉	☽	♂	☿
9	♂	☿	♃	♀	♄	☉	☽
10	☉	☽	♂	☿	♃	♀	♄
11	♀	♄	☉	☽	♂	☿	♃
12	☿	♃	♀	♄	☉	☽	♂

Un autre aspect important à prendre en compte est le cas où nous devons lancer un sort ou un rituel pendant la période de rétrogradation de Mercure. Cela se produit trois ou quatre fois par an. Pendant ce cycle, évitez de prendre des décisions importantes, car si vous le faites, elles pourraient nécessiter un changement à l'avenir, et évitez de commencer toute affaire liée à la communication. Évitez de signer des contrats de quelque nature que ce soit ou de signer de nouveaux accords commerciaux. Si vous le faites, il est très probable que toutes les questions négociées ne seront pas satisfaites. Évitez toute intervention chirurgicale pendant cette période, sauf en cas d'urgence.

Si vous devez pratiquer un rituel ou un sort à ce stade, vous devez d'abord effectuer le bain suivant. Il servira également à nettoyer votre aura, ce qui est très important, car cela permettra à toutes les bonnes choses que la vie veut vous donner d'arriver en douceur et en grande quantité.

Avec un simple bain de ces plantes, vous neutraliserez les effets du Mercure rétrograde et purifierez votre aura.

Bain pour la période de rétrogradation de Mercure.

Vous avez besoin de trois de ces plantes : Rue, Sauge, Romarin, Lavande, Menthe, ou Laurier.

Sélectionnez trois de ces plantes, vous pouvez les obtenir dans les magasins de botanique ou d'ésotérisme. Prenez une grande casserole, versez-y de l'eau et portez les plantes à pleine ébullition. Lorsque la préparation a bouilli, laissez-la refroidir. Filtrez-le. Prenez un bain comme vous le faites tous les jours. Après votre bain, versez l'eau des plantes à partir de votre tête et laissez-la couler sur tout votre corps. Attendez quelques secondes avant de vous sécher afin qu'il puisse pénétrer et fournir son effet nettoyant. Séchez-vous si possible à l'air libre, sans serviette, et vous sentirez le changement dans votre aura, à partir de ce moment vous serez prêt à pratiquer votre sort sans risque ou sabotage de Mercure Rétrograde.

Les meilleurs moments pour faire des rituels liés à l'argent sont les dimanches pendant les heures de Jupiter, les jeudis pendant les heures de Soleil ou de Vénus, et les vendredis pendant les heures de Jupiter. La Lune doit être dans sa phase de cire et dans l'un des signes suivants : Taureau, Lion, Balance, Sagittaire ou Verseau.

Consécration des bougies.

Dans les rituels magiques, il est important de consacrer les bougies avec des huiles pour attirer plus d'énergies, cette onction est une partie fondamentale du processus. Pendant la consécration, vous devez vous concentrer sur l'objectif du rituel et le faire le jour approprié d'un point de vue astrologique.

Les procédures sont les suivantes :

 Avec les doigts de la main droite, vous répandez quelques gouttes d'huile sur la bougie, du centre vers la mèche, en essayant de la garder humide. Puis vous répétez la même action mais du milieu à la base de la bougie.

L'autre forme de consécration consiste à répandre l'huile sur la bougie, du bas vers le haut. Ce type d'onction est exclusivement destiné à ces rituels de rupture de quelque chose. Le troisième et dernier modèle de bénédiction consiste à oindre de haut en bas la bougie que nous allons utiliser dans notre rituel. Ce type de consécration est exclusif pour les bougies destinées aux rituels d'attraction.

Magie lunaire

La magie lunaire fonctionne en accord avec les phases lunaires, les signes de la lune, les saisons de l'année et les heures planétaires. Elle est très importante dans la pratique de la magie, et l'un des secrets les plus importants pour réussir en sorcellerie. Le pouvoir lunaire est l'un des composants énergétiques les plus puissants de la magique, il est très profond et utilise les propriétés de la lune pour obtenir sa puissante énergie.

Pour choisir le bon moment pour un rituel, vous devez tenir compte des phases de la lune.

Nouvelle lune ou lune noire.

Dans l'Antiquité, pendant les trois jours où la lune était totalement invisible, des offrandes de fleurs blanches étaient placées aux carrefours pour que la déesse Hécate accorde sa protection. Dans cette optique, vous pouvez placer un bouquet de roses blanches sur le chemin de votre maison pendant cette phase.

Il est déconseillé d'effectuer des rituels 24 heures avant et 24 heures après la nouvelle lune. Les sorts de nouvelle lune doivent être lancés pendant la phase visible de la nouvelle lune. Si vous les lancez pendant ces trois jours, vous obtiendrez le contraire de ce que vous voulez vraiment.

Lors de la Lune noire, nous travaillons avec le monde souterrain, nous nous connectons avec nos ancêtres, avec nos esprits familiers, car lors de cette Lune, les portes du monde souterrain sont ouvertes, c'est pourquoi il est courant de lancer des sorts de magie noire dans cette phase. C'est une excellente Lune pour consacrer les outils magiques. Pendant la Lune Noire, nous travaillerons sur les malédictions et les questions de justice. Il est utilisé pour la magie défensive et la protection.

Nouvelle lune visible.

S'il y a des sorts ou des malédictions contre vous, dans cette phase de la Nouvelle Lune vous pouvez effectuer des rituels pour couper et mettre fin à tout ce qui est négatif. Cette phase nous aide également à abandonner les mauvaises habitudes et les coutumes qui nous nuisent et à commencer quelque chose de nouveau, comme l'abandon de la cigarette ou de l'alcool, entre autres. Pour tirer le meilleur parti de cette énergie, la magie doit être réalisée entre le lever et le coucher du soleil. Il est permis de travailler la nuit, mais pour un effet maximal, utilisez l'heure exacte. Vous pouvez voir les heures planétaires pour améliorer vos rituels.

Lune dans le quartier des croissants.

C'est une Lune fructueuse, qui favorise les affaires, la santé, l'argent, le succès, les récoltes. Dans cette phase, nous travaillons pour augmenter ou attirer quelque chose. Dans ce cycle, nous faisons des demandes pour que l'amour vienne, pour augmenter l'argent sur nos comptes ou notre prestige au travail. Si ce que nous voulons, c'est protéger quelqu'un d'un mal quelconque, c'est le bon moment pour demander la justice divine et une protection accrue pour nos proches. Sur le plan de la santé, c'est le moment de renforcer les défenses de l'organisme.

Croissant de lune gibbeux.

Le croissant de lune gibbeux est le moment clé pour lancer une affaire, demander la santé, faire des rituels pour attirer l'argent et l'abondance, ou tout ce dont vous avez besoin pour réussir. C'est aussi le bon moment pour travailler sur la fertilité.

Pleine lune.

Dans cette phase, la Lune offre toute son énergie et vous pouvez travailler sur la protection, la divination, la justice, la spiritualité et bien plus encore. Tout ce potentiel a également un impact sur la magie, rendant le magicien beaucoup plus compétent pour manipuler de grandes quantités d'énergie et les canaliser. La plupart des rituels d'amour sont réalisés parce que c'est le moment où la Lune émet sa plus grande énergie. Les rituels de la pleine lune sont considérablement puissants pour la chance, l'amour et la prospérité du foyer. Tout travail qui nécessite une infusion importante d'énergie devrait être fait à ce moment-là. Vos chances de succès sont très grandes. C'est une bonne période pour faire de l'eau de lune.

Lune décroissante gibbeuse.

C'est la période propice pour mettre un terme à toute situation que vous ne souhaitez plus dans votre vie. C'est le moment de se reposer, de finaliser des projets, de mettre un terme à des problèmes non résolus. C'est le moment de se réorganiser. Ce qui est coupé mettra plus de temps à pousser. Toutes les choses inconfortables telles que le déménagement, la demande ou l'obtention d'un prêt, etc. sont mieux faites dans cette phase, même si le résultat est plus lent que dans la phase d'épilation, c'est plus sûr.

Lune dans le quartier décroissant.

Dans le quart décroissant, c'est le moment exact d'effectuer des travaux magiques pour diminuer ou éliminer les choses négatives, pour chasser les ennemis, les maladies, les mauvaises influences ou les esprits perturbateurs. Cette phase est spéciale pour faire des talismans pour l'harmonie conjugale et familiale, pour arrêter les problèmes financiers ou la perte d'emploi. Tout ce que l'on souhaite voir diminuer, s'effacer ou disparaître.

Lune décroissante.

C'est celle qui se produit avant la nouvelle lune non visible (lune noire). La Lune décroissante apparaît dans le ciel sous la forme d'un C. Lorsque la Lune est décroissante, elle est sur la voie de l'obscurité totale et devient plus petite chaque nuit. Au cours de la phase du trimestre décroissant, la négativité qui nous entoure est libérée. Il convient pour nettoyer les énergies négatives, arrêter les disputes, calmer l'anxiété et poursuivre le travail de purification. Il est idéal pour nettoyer les personnes, les entreprises et les maisons. La Lune décroissante est le bon cycle si vous voulez repousser quelqu'un. Cette phase permet de défaire les attachements et les attirances.

Eclipses et magie

Une éclipse est un événement inhabituel, sa signification est donc très importante. Il existe de nombreux rituels, sorts et amarres qui peuvent être réalisés avant et pendant une éclipse afin d'amplifier cette forte énergie à notre avantage. Les gens peuvent se sentir mal à l'aise pendant une éclipse, avec un peu de peur, c'est le pouvoir et l'essence de l'éclipse, une émotion similaire à celle d'être à l'intérieur d'un cercle magique ou protecteur. L'influence sur les gens dépendra du type d'éclipse. Une éclipse solaire fait référence à tout ce qui est matériel et physique, une éclipse lunaire à tout ce qui est lié aux émotions et à la spiritualité.

Même si vous ne pouvez pas voir l'éclipse depuis votre pays, vous pouvez faire de la magie et des rituels pendant l'éclipse.

Lorsqu'une éclipse lunaire se produit, ce qui ne peut se produire que la nuit de la pleine lune, nous ressentons toutes les phases de la lune en quelques minutes et secondes. La pleine lune est partiellement ou complètement cachée, puis redevient immédiatement visible. En quelques minutes, s'il s'agit d'une éclipse lunaire totale, nous percevons une énergie équivalente à un cycle complet.

Eclipse Water.

Puisque vous pouvez avoir cette chance extraordinaire qu'une éclipse nous donne des pouvoirs, de la sagesse et de l'énergie positive, vous devez remplir un récipient transparent avec de l'eau et le fermer hermétiquement. Dès le début de l'éclipse, ouvrez le couvercle pour que l'eau soit imprégnée de cette énergie, tout en pensant à votre intention : plus d'argent, plus de travail, plus de créativité dans la vie, ou de chance en amour. Fermez le couvercle lorsque l'éclipse est terminée. Ensuite, vous prendrez un bain avec cette eau, mais vous y ajouterez de la rue et de la menthe. Vous ne pouvez pas la faire bouillir, il suffit d'écraser les plantes avec vos mains autant que vous le pouvez et de les mélanger avec cette eau. Il vous accordera toutes les demandes que vous avez faites en prenant le bain.

Rituel pour l'argent le jour de l'éclipse solaire.

Vous avez besoin :

- La glace

- L'eau sacrée

- Grains de maïs

- Sel de mer

- 1 récipient en terre

- Trois bougies vertes flottantes

- Cartouche ou papier parchemin et crayon

- 1 nouvelle aiguille à coudre

Écrivez vos demandes d'argent sur le papier, puis écrivez votre nom sur les bougies avec l'aiguille. Pour purifier votre énergie, vous utiliserez le récipient en argile dans lequel vous placerez la glace et l'eau sacrée, en proportions égales, ajoutez trois poignées de sel marin. Mettez les deux mains dans le pot et vous expulserez les énergies négatives que vous avez en vous. Sortez vos mains de l'eau mais ne les séchez pas. Ajoutez une poignée de maïs dans la marmite et remettez vos mains dedans pendant trois minutes. La dernière chose à faire est d'allumer les bougies avec des allumettes en bois et de les placer à l'intérieur du récipient. Avec le feu des trois bougies, brûlez le papier avec vos souhaits et laissez les bougies s'éteindre.

Ce rituel doit être effectué au moment exact de l'éclipse solaire. Vous enterrez les restes de ce sort dans un endroit où le soleil peut les frapper, car de cette façon, votre souhait continuera à recevoir de l'énergie.

Rituel pour l'abondance matérielle pendant l'éclipse solaire.

Vous avez besoin :

-1 pièce de bois

-1 bougie blanche

-1 œuf

-1 assiette blanche

Placez le bois sur l'assiette, cassez l'œuf et placez-le dessus, placez la coquille à l'extérieur de l'assiette, sur le côté droit avec la bougie blanche que vous allumerez avec une allumette en bois. Fermez les yeux et concentrez votre énergie en demandant à l'univers de vous fournir tout ce dont vous avez besoin, demandez que vos chemins soient libres d'obstacles. Lorsque la bougie s'éteint, jetez tout à la poubelle.

Sort pendant l'éclipse lunaire.

(Pour attirer vos bonnes énergies et atteindre la prospérité).

Vous avez besoin :

- 1 feuille de papier bleu

- Sel de mer

- 1 grande bougie argentée

- 3 encens à la rose

- 16 petites bougies blanches

Formez un cercle sur la feuille de papier avec le sel. Sur le cercle fait avec le sel, structurez deux cercles, un avec les cinq petites bougies et un avec les autres à l'extérieur avec les onze autres. Placez la bougie argentée au milieu. Allumez les bougies dans l'ordre suivant : d'abord celles du cercle intérieur, puis celles de l'extérieur, et enfin celle du milieu. Allumez les encens avec la plus grande bougie et placez-les dans un récipient à l'extérieur des cercles. Pendant que vous faites cela, visualisez vos souhaits de prospérité et de succès. Enfin, laissez toutes les bougies s'éteindre. Les restes peuvent être jetés à la poubelle.

Sel de mer

Le sel de mer a la capacité de produire des transmutations à un niveau spirituel. C'est un purificateur d'énergies et c'est donc un élément fondamental de nombreux rituels.

Rituel pour purifier votre maison.

Vous avez besoin :

- 1 sachet de tissu blanc

- 7 grains de gros sel de mer

- 3 feuilles de romarin

Mettez les sept grains de sel marin et les trois feuilles de romarin dans le sachet. Un vendredi, à l'heure de la planète Jupiter, laissez-le près de la porte d'entrée, mais moins visible. Vous devez le changer tous les vendredis pendant neuf semaines consécutives, en répétant mentalement la prière suivante pendant que vous insérez les grains : "J'invoque mes guides spirituels pour qu'à travers chacun de ces grains le mal quitte ma maison et que le bien me soit rendu au centuple".

Rituel pour nettoyer les mauvaises influences dans la maison.

Vous avez besoin :

-7 cuillères à soupe de gros sel de mer

-1 petit bol en métal

-7 comprimés de charbon de bois

-7 cuillères à soupe d'eau de la Pleine Lune

-1 bougie blanche

Allumez la bougie chez vous, dans un endroit spacieux. Dans le bol métallique, allumez les sept tablettes de charbon de bois et saupoudrez-les de sel et de cannelle. Faites le tour de la maison pendant que la fumée s'élève et répétez à haute voix : "De cette maison viennent toutes les mauvaises influences. Au nom des archanges Gabriel, Raphaël, Michael et Uriel". Lorsque vous avez terminé, versez les sept cuillères à café d'eau sacrée sur le bol. Vous devez effectuer ce nettoyage au moins deux jours de suite, en commençant par le mardi.

Rituel pour purifier nos mains et obtenir de l'argent.

Vous avez besoin :

- Sel de mer

- 1 quartz blanc

- Eau sacrée

- 1 grand récipient en verre transparent

Placez le sel de mer dans le récipient en verre, ajoutez l'eau sacrée jusqu'à la moitié. Lorsque le sel se dissout de lui-même, placez le quartz blanc à l'intérieur. Mettez immédiatement votre main droite dans le bol, puis votre main gauche, et pensez que le quartz blanc est un savon et que vous vous l'avez les mains avec. Répétez dans votre esprit : "Mes mains sont libres de toute influence négative pour gagner de l'argent". Pratiquez ce rituel une fois par mois, pendant cinq mois, lorsque la Lune est dans sa phase de cire et si possible à l'heure de la planète Jupiter ou du Soleil.

Sort de sel contre l'envie de votre argent.

Placez une photo de vous en pied sur une surface rouge, propre et plate (qui peut être un tissu ou un morceau de carton). Entourez la photo d'un cercle de sel marin et laissez-la là pendant sept jours. Chaque jour, ajoutez une nouvelle poignée de sel de mer. Pendant que vous faites cela, vous devez vous concentrer pour éloigner les mauvaises énergies de votre environnement. Lorsque vous avez terminé, jetez le sel et placez la photographie sur une table lumineuse.

Sucre

Le sucre, comme le sel, est un autre ingrédient important. Protecteur et largement utilisé pour le nettoyage de l'énergie, la prospérité et l'amour. En plus d'attirer la richesse, il est utilisé pour attirer les esprits ou les énergies. Vous pouvez l'ajouter à votre potion d'invocation, ou simplement le brûler pour appeler l'entité avec laquelle vous souhaitez communiquer.

Purification énergétique de votre maison avec du sucre.

Vous avez besoin :

- 3 poignées de sucre brun

- 1 petit bol en métal

- 3 charbons

- 1 cuillère à soupe de sel de mer

- 4 feuilles de rue

Placez les charbons dans la poêle, allumez-les. Ajoutez ensuite le reste des ingrédients. Lorsque le sucre commence à griller, parcourez toutes les pièces de la maison en répandant la fumée et en répétant à haute voix cette phrase : "Que toute la négativité de cette pièce retourne dans l'univers et se dissolve, tout comme la chaleur dissout le sucre".

Rituel avec du sucre pour attirer l'abondance d'argent dans votre maison.

Vous avez besoin :

- 4 cuillères à soupe de sucre brun

- 16 pièces

- 4 bougies vertes

- 1 bol profond avec beaucoup d'eau sacrée.

Vous devez effectuer ce rituel pendant quatre jours en commençant par un jeudi au lever du soleil. Choisissez un endroit calme dans la maison. Vous ferez un cercle avec les pièces autour de la fontaine et placerez une bougie sur le côté droit. Allumez la bougie et versez les quatre cuillères de sucre dans l'eau en pensant à toute la prospérité matérielle que vous désirez. Choisissez les quatre pièces de monnaie les plus proches de la bougie et jetez-les une par une dans l'eau, tout en demandant à vos guides spirituels qu'il n'y ait jamais de pénurie d'argent dans votre foyer. Laissez la bougie s'éteindre. Répétez ce rituel pendant les trois jours suivants. Il est recommandé, avant d'effectuer ce rituel, de purifier votre maison avec du sucre en utilisant le rituel ci-dessus ou un autre brûleur d'encens.

Sort pour attirer l'argent.

Un jour de pleine lune, placez un billet de banque dans un verre transparent, puis remplissez-le à ras bord de sucre et laissez-le dehors toute la nuit à la lumière de la pleine lune. Une autre option que vous pouvez faire est de mettre du miel à moitié dans le verre, et l'autre moitié avec de l'eau et de mettre trois pièces de monnaie à l'intérieur. Le lendemain, vous retirez le billet ou les pièces et les enveloppez dans du papier transparent. Vous devriez toujours l'avoir sur vous dans votre portefeuille.

Attirer de l'argent en 11 jours.

Lors d'une Pleine Lune ou d'un Croissant de Lune, vous placerez à l'extérieur toute la nuit une tasse de sucre avec quelques pièces de monnaie dedans et un quartz citrin. Le lendemain, vous retirez les pièces et les répandez sur le sol de votre maison, dans les coins si vous ne voulez pas marcher dessus, et mettez le quartz dans votre portefeuille. Vous laissez le sucre dans une tasse dans la cuisine. L'argent vous parviendra dans les 11 jours. Lorsque cela se produit, enterrez les pièces et jetez le sucre.

Sorts avec du sucre et de l'eau de mer pour la prospérité.

Vous avez besoin :

- Eau de mer

- 3 cuillères à soupe de sucre

- 1 gobelet en verre bleu

Remplissez la tasse avec de l'eau de mer et le sucre, laissez-la dehors la première nuit de la Pleine Lune et retirez-la de la sérénité à 6h00 du matin. Ensuite, ouvrez les portes de votre maison et commencez à asperger l'eau sucrée de l'entrée vers le bas, utilisez un vaporisateur, tout en faisant cela répète dans votre esprit : "J'attire dans ma vie toute la prospérité et la richesse que l'univers sait que je mérite, merci, merci, merci".

Cannelle

Il est utilisé pour purifier le corps. Dans certaines cultures, on lui prête le pouvoir d'aider à l'immortalité. D'un point de vue magique, la cannelle est liée au pouvoir de la lune en raison de sa tendance féminine.

Rituel pour attirer l'argent instantanément.

Vous avez besoin :

- 5 bâtons de cannelle

- 1 peau d'orange sèche

- 1 litre d'eau sacrée

- 1 bougie verte

Portez à ébullition la cannelle, le zeste d'orange et un litre d'eau, puis laissez reposer le mélange jusqu'à ce qu'il refroidisse. Versez le liquide dans un flacon pulvérisateur. Allumez la bougie dans la partie nord du salon de votre maison et vaporisez toutes les pièces en répétant : "Ange de l'Abondance j'invoque ta présence dans cette maison afin que rien ne manque et que nous ayons toujours plus que ce dont nous avons besoin". Lorsque vous avez terminé, dites trois fois merci et laissez la bougie allumée. Vous pouvez le faire un dimanche ou un jeudi à l'heure de la planète Vénus ou Jupiter.

Ail

De la même manière que le sel agit comme un protecteur ou le vinaigre comme un bloqueur, il a été prouvé que l'ail est le neutralisant et le purificateur le plus efficace des mauvaises énergies. Les anciens magiciens le recommandaient dans presque toutes leurs formules.

Rituel pour chasser les mauvaises vibrations de votre maison.

Vous devez accrocher une branche d'ail derrière la porte d'entrée de votre maison pendant vingt et un jours. Il doit comporter un minimum de quinze têtes d'ail. À l'extrémité supérieure, vous attacherez un ruban rouge et y enfilerez trois épingles. À l'extrémité inférieure, attachez un ruban jaune traversé par sept épingles. Vous ne devez pas consommer ces ails comme nourriture, car ils auront recueilli toute l'influence négative dans votre maison. Après cette période, ils peuvent être vus de la manière suivante.

-Sèche : il y a encore des énergies négatives dans votre environnement. Remettez-les en place.

-Hollow : il n'y a plus de mauvaises vibrations dans votre maison. L'ail les a absorbés.

- Diminution du volume : les mauvaises énergies entrent et sortent facilement de votre maison. Il faut accrocher une branche d'ail de chaque côté de la porte et allumer une bougie blanche chaque dimanche à l'heure de la planète Saturne.

Formule mystique à l'ail contre la malchance.

Vous avez besoin :

- 3 têtes d'ail

- 1 fer à cheval à 7 trous

- 1 bougie blanche

- 1 sac en tissu rouge

- 1 tourmaline noire ou obsidienne

- Gouttes d'huile de menthe poivrée ou de citron

Commencez ce rituel au moment de la planète Mars, un jeudi. Versez l'huile de votre choix sur la bougie, puis allumez-la. Placez le fer à cheval avec l'ouverture à gauche, le quartz au centre et les gousses d'ail autour de la bougie. Laissez la bougie se consumer. Placez les résidus de cire, de quartz et d'ail dans le sachet et ajoutez trois autres gouttes d'huile. Dormez avec elle sous votre oreiller pendant sept nuits consécutives, puis portez-la sur vous comme amulette.

Rituel brésilien pour attirer la prospérité.

Vous avez besoin :

- 7 têtes d'ail

- 7 cuillères à soupe de sel de mer

- 7 feuilles de pers

- 7 feuilles de Basil

- 7 feuilles d'herbe

- 7 feuilles de menthe

- 7 litres d'eau bénite

- 1 bouton en plastique sans couvercle

Faites bouillir tous les ingrédients pendant treize minutes, laissez refroidir, versez la préparation dans un bouton en plastique et placez-le sous votre lit. Il doit y rester pendant trois nuits consécutives. Le quatrième jour, ajoutez trois poignées de sel marin et exposez le tout au clair de lune pendant une nuit, le lendemain, jetez-le loin de votre maison, si possible dans un endroit où il y a des arbres (vous pouvez préparer ce rituel magique pour nettoyer le sol de votre maison ou de votre entreprise). De préférence un jeudi ou un vendredi à l'heure de la planète Vénus, Jupiter ou du Soleil.

Vinaigre

Le vinaigre est l'un des ingrédients ménagers les plus efficaces pour éloigner les mauvaises énergies. Qu'il s'agisse de laver les vêtements, de nettoyer les sols ou d'éloigner les personnes indésirables, son pouvoir est incalculable.

Rituel irlandais pour éloigner l'envie de votre maison.

Placez dans quatre coins de votre maison qui coïncident avec les quatre points cardinaux, un petit verre de vinaigre pendant neuf jours. Le dixième jour, ajoutez à chacun une poignée de sel marin, et les onzième et douzième jour, un peu plus de vinaigre. Lorsque les douze jours sont écoulés, versez tout le liquide du bain, allumez une bougie blanche et remerciez vos guides spirituels d'avoir fait disparaître tous les mauvais yeux de votre maison.

Purifiez vos vêtements des énergies négatives.

Si vous remarquez que les choses ne vont pas bien depuis un certain temps, il est probable que vos vêtements sont imprégnés d'énergies négatives. Après le lavage standard, faites-les tremper pendant une heure dans un rapport de neuf litres d'eau pour un litre de vinaigre. Ne les rincez pas. Lors du séchage, suspendez-les à l'envers, et toujours avec les parties les plus larges vers le haut.

Miel

Utilisé depuis de nombreux siècles, le miel, avec le sucre, est probablement l'ingrédient le plus approprié pour les rituels, quel que soit le niveau de magie.

Rituel avec du miel pour attirer la prospérité dans votre vie.

Vous avez besoin :

- 1 bougie blanche

- 1 bougie bleue

- 1 bougie verte

- 3 Améthystes.

- romarin

- 1 nouvelle aiguille à coudre

Un lundi, au moment de la Lune, écrivez sur la bougie verte le symbole de l'argent ($), sur la bougie blanche un pentacle et sur la bougie bleue le symbole astrologique de la planète Jupiter. Recouvrez-les ensuite de miel et saupoudrez-les de cannelle et de romarin, dans cet ordre. Placez-les ensuite en forme de pyramide, avec la bougie verte en haut, la bougie bleue à gauche et la bougie blanche à droite. À côté de chaque bougie, placez une améthyste. Allumez-les et demandez à vos guides spirituels ou à votre ange gardien la prospérité matérielle. Vous obtiendrez des résultats formidables.

Le Poivre

Les occultistes ont plus d'une fois démontré ses propriétés magiques.

Rituel marocain pour empêcher les énergies négatives de pénétrer dans votre maison.

Vous avez besoin :

- Petites tasses (en fonction du nombre de fenêtres de votre maison).

- Poivre moulu

- 1 bougie blanche

- 1 bougie verte

- 1 bougie jaune

- 3 pièces ordinaires

- 1 ruban bleu

- 1 ruban doré

Ce rituel doit être effectué un dimanche, un jeudi ou un vendredi, mais toujours à l'heure du Soleil.

Dépoussiérez le poivre sur les portes de votre maison, toujours vers l'intérieur. Répartissez ensuite le poivre restant dans des petites tasses ou des verres, que vous placerez à chacune des fenêtres de votre maison. Ensuite, placez la bougie blanche dans la salle à manger, et à côté d'elle les pièces de monnaie. Dans la cuisine, placez la bougie verte, à laquelle vous attacherez le ruban bleu, et enfin, la bougie jaune avec le ruban doré dans votre chambre à coucher. En les allumant, répétez les mots suivants : "Je baptise le pouvoir du poivre pour qu'il garde ma maison à travers ces bougies, afin que les esprits qui gardent ma maison deviennent de plus en plus forts".

Rituel égyptien avec du poivre pour chasser les envieux.

Vous avez besoin :

- 9 grains de poivre

- 1 capsicum (piment)

- 3 cuillères à soupe d'huile d'olive vierge

- Feuille d'aluminium

- 1 quartz tourmaline noire

Mélangez les trois premiers ingrédients et enduisez la tourmaline noire. En le frappant trois fois avec la paume de la main des deux côtés, répétez la prière suivante : "Au nom d'Anubis et d'Horus, tous ceux qui envient ce que je possède seront éloignés de moi". Enterrez la tourmaline enveloppée dans du papier d'aluminium dans un endroit à l'abri du soleil, aussi loin que possible de votre maison.

Pepper pour attirer l'argent.

Vous avez besoin :

- 7 grains de poivre

- 7 feuilles de rue.

- 7 grains de gros sel de mer

- 1 petit sac en tissu rouge.

- 1 ruban rouge

- 1 quartz citrins

Insérez tous les ingrédients dans le sachet. Fermez-la avec le ruban rouge et laissez-la exposée à la lumière de la pleine lune toute la nuit. Puis dormez neuf jours avec ça sous votre oreiller. Vous devez le porter sur vous, dans un endroit peu visible de votre corps.

Thé

Des milliers d'histoires, de mythes et de rituels ont été racontés sur l'infusion la plus ancienne et la plus répandue au monde. Tous les magiciens admettent les propriétés magiques du thé.

Rituel arabe pour attirer plus d'argent.

Vous avez besoin :

- 3 cuillères à soupe de thé

- 3 cuillères à soupe de thym (Thymus vulgaris)

- 1 pincée de noix de muscade

- 3 charbons

- 1 petite casserole en métal avec des poignées

- 1 petit coffre

Placez les charbons dans la cocotte, allumez-les et ajoutez les autres ingrédients. Lorsque le feu s'est éteint, mettez les restes dans le petit coffre, et garde-le dans votre chambre pendant onze jours. Ensuite, enterrez-le dans un pot de fleurs ou dans la cour de votre maison. Ce rituel doit être commencé le jeudi.

Citron

C'est un purificateur d'agrumes très puissant et un canalisateur d'énergies, il est recommandé dans de nombreux rituels magiques.

Nettoyage énergique de notre voiture.

Vous avez besoin :

- Zeste de trois zestes de citron.

- Le jus de trois citrons

- 1 litre de vinaigre blanc

- 7 grains de gros sel de mer

- 1 éponge douce

Effectuez toujours ce rituel un vendredi à l'heure de la planète Jupiter.

Faites bouillir le zeste et le jus de citron dans le vinaigre pendant 10 minutes. Filtrez et laissez refroidir. Ensuite, avec l'éponge, passez le liquide sur votre voiture en commençant par l'intérieur, côté gauche puis côté droit, et par l'extérieur, dans l'autre sens.

Bain malaisien avec du citron et de l'eau de la pleine lune pour avoir de la chance.

Vous avez besoin :

- Plateau métallique

- 3 citrons écrasés

- 1 cuillère à soupe de sucre brun

- Eau de la pleine lune

Mélangez les ingrédients et faites-les bouillir pendant 10 minutes. Versez ensuite ce mélange dans l'eau chaude d'une baignoire et prenez un bain pendant au moins 15 minutes. Vous pouvez également vous rincer avec si vous n'avez pas de baignoire.

Rituel israélien pour gagner de l'argent.

Coupez un citron en deux et pressez les deux moitiés ensemble, en ne laissant que les deux parties supérieures. Vous n'avez pas besoin du jus de citron, vous pouvez l'utiliser à d'autres fins. Mettez trois pièces de monnaie ordinaires dans l'une des moitiés, fermez-les et enroulez-les avec un morceau de ruban doré. Enterrez-le dans un pot avec une plante de loterie (Amoena, Dieffenbachia). Prenez soin de la plante avec beaucoup d'amour.

Rituel pour augmenter vos ventes.

Placez une pièce d'argent dans un verre de jus de citron dans votre entreprise ; placez un aimant à côté du verre. Vous devez placer le verre près de la caisse principale ou du coffre où vous gardez votre argent. Si l'entreprise est grande, placez-le à côté du bureau de la personne chargée de la comptabilité.

Basilic

Les qualités magiques des feuilles de basilic sont connues depuis l'Antiquité. Il est utilisé dans les bains et les encens pour éloigner les énergies négatives et apporter bien-être et prospérité. Aujourd'hui, dans certaines régions d'Afrique centrale, il est utilisé comme un ingrédient essentiel pour exorciser les mauvais esprits. Le simple fait d'avoir un pot avec cette plante dans notre maison, nous apporte de bonnes énergies et un bien-être économique.

Bain de basilic pour la prospérité. (1)

Vous devez le faire un vendredi à l'heure de la planète Vénus.

Faites bouillir les feuilles de basilic, les feuilles de laurier et trois cuillères de miel dans une casserole. Lorsqu'elle commence à bouillir, retirez-la du feu et laissez-la refroidir. Baignez-vous dans cette infusion et vous remarquerez que votre situation financière s'améliorera considérablement.

Rituel avec le basilic pour la prospérité. (2)

Faites bouillir deux litres d'eau bénite avec des feuilles de basilic. Laissez-le refroidir et passez-le dans un récipient en verre où vous placerez d'autres feuilles de basilic frais et un quartz blanc. Laissez ce bol en verre à l'air libre pour recevoir la sérénité de la lune. Le lendemain, après votre bain habituel, vous vous rincez avec cette potion. Ne vous séchez pas avec une serviette. Placez le quartz dans votre sac à main comme amulette.

Rituel pour éliminer les vibrations négatives de votre maison et attirer l'abondance matérielle. (3)

Vous avez besoin :

- 9 feuilles de basilic

- 9 têtes d'ail

- 9 feuilles de clé

- 9 feuilles de menthe

- 9 grains de sel de mer

- 9 litres d'eau bénite ou d'eau de mer

- 1 cocotte

Effectuez ce rituel un samedi à l'heure de la planète Saturne ou du Soleil. Il est le plus efficace pendant la phase de la lune gibbeuse décroissante.

Vous devez faire bouillir tous les ingrédients pendant 15 minutes dans l'eau sacrée. Puis filtrez-la et nettoyez votre maison avec l'infusion. S'il vous en reste, vous pouvez vous baigner avec.

Nettoyage des entreprises pour la prospérité. (4)

Vous avez besoin :

- Feuilles de basilic

- 7 gousses d'ail

- Feuilles de romarin

- Feuilles de sauge

- 7 feuilles de rue

- 7 feuilles de menthe

- Origan

- 7 feuilles de pers

- Sel de mer

- 10 litres d'eau sacrée ou d'eau de la pleine lune

Laissez mijoter tous les ingrédients pendant une heure. Une fois refroidi, filtrez et répartissez sept cuillères à soupe de ce liquide dans les coins internes et externes de votre entreprise pendant neuf jours d'affilée. Vous devriez toujours commencer ce rituel à l'heure de la planète Vénus ou Jupiter.

Rosemary

Elle est considérée comme l'une des herbes aromatiques les plus utilisées en sorcellerie. Son but est d'accroître l'amour et la passion, mais il est également essentiel d'expulser toutes sortes d'énergies négatives. Elle est essentielle pour transformer les vibrations et attirer la prospérité matérielle dans nos vies.

Sort turc pour la prospérité matérielle.

Vous avez besoin :

- 3 brins de romarin

- 3 grains de gros sel marin

- 1 bougie dorée en forme de pyramide

- 3 cuillères à café de graines de moutarde

- 1 bol en faïence

- 3 poignées de terre

Effectuez ce rituel à l'heure du Soleil, si possible dans la phase de la lune gibbeuse croissante.

Placez les éléments du rituel dans le pot. Placez la préparation derrière la bougie dorée et allumez-la. Pendant que la bougie brûle, répétez dans votre esprit les mots suivants : "Ce pot de la chance apporte toutes les richesses de l'univers dans mes mains, et éloigne toutes les mauvaises influences". Lorsque la bougie s'éteint, jetez tous les résidus devant une entreprise très prospère.

Rituels de prospérité dans les différentes phases de la lune

Nous avons tous entendu parler de la lune et de son influence sur la vie sur notre planète. Le sujet est vaste, mais il a été prouvé que les marées, les animaux et les hommes, tout et tous, sont exposés à sa domination. Toutes les traditions ésotériques et la sorcellerie travaillent avec les énergies de la lune. Il y a un mystère autour de la lune. C'est un symbole de transformation et de sagesse.

Rituel avec la nouvelle lune. (1)

Vous avez besoin :

- 1 bougie verte

- 1 plaque de céramique

- 1 morceau de papier brun ou de papier cartouche

- 1 crayon

Écrivez vos souhaits concernant le travail, l'argent ou la prospérité sur le papier, pliez-le en deux et placez-le sur l'assiette. Allumez la bougie verte et placez-la sur le papier. Concentrez-vous sur votre demande et imaginez l'obtenir. Laissez la bougie se consumer complètement, et laissez le papier se consumer également. Ramassez les restes de cire et de papier et enterrez-les. N'oubliez pas de ne dire à personne que vous avez accompli ce rituel, ni où vous avez enterré les restes. Effectuez ce rituel les trois nuits de la nouvelle lune.

Rituel de la nouvelle lune. (2)

Vous avez besoin :

- Correspondances

- Encens de bois de santal

- 1 bougie en argent, en forme de pyramide.

Allumez l'encens et répandez la fumée dans tous les coins de votre maison. Laissez l'encens brûler et allumez la bougie d'argent. Concentrez-vous sur votre demande pendant un moment jusqu'à ce que vous la visualisiez. Répétez la prière suivante, trois fois : "Nouvelle Lune, donne-moi la force d'affronter mes problèmes financiers, tu es mon guide pour trouver la prospérité et l'argent. Je reçois votre puissante énergie avec gratitude. Laissez la bougie et l'encens se consumer complètement. Vous pouvez jeter les restes à la poubelle.

Rituel de prospérité. Croissant gibbeux ou pleine lune. (3)

Prenez une bougie dorée et avec une aiguille à coudre, écrivez votre nom dessus, en partant de la mèche vers le bas. Écrivez aussi les mots : abondance et prospérité. Placez-la sur une assiette en faïence blanche profonde. Entourez-le ensuite de feuilles de laurier et d'un peu d'anis étoilé. Allumez la bougie et, en vous concentrant sur sa flamme, répétez dans votre esprit cette invocation : "Je remercie l'univers de ce que, comme cette flamme dorée brûle, ainsi est et sera toujours ma prospérité matérielle. Ainsi soit-il, ainsi soit-il, c'est fait". Laissez la bougie brûler jusqu'à ce qu'elle soit consumée, puis enterrez les restes dans un pot de fleurs jaunes.

Rituel avec un billet de banque pour attirer l'argent pendant le croissant de lune. (4)

Vous devez effectuer ce rituel un jeudi à l'heure du Soleil ou de la planète Vénus.

Vous avez besoin :

- 1 billet de banque ordinaire

- 1 grande bougie jaune

- 2 feuilles de laurier

- Thym

- 1 ruban doré

Allumez la bougie et déposez une goutte de cire sur chaque coin du billet. Au centre du billet, déposez quatre gouttes de cire. Sur les quatre gouttes, déposez une pincée de thym et une des feuilles de laurier. Ensuite, sur cette feuille de laurier, vous déposerez trois gouttes de cire et par-dessus, vous mettrez l'autre feuille de laurier de façon qu'elles forment une croix. Roulez la note de manière que la feuille de laurier soit à l'intérieur. Attachez-le avec le ruban doré en faisant sept petits nœuds. Puis répétez cette demande : "Pour sept fois sept, que l'argent vienne en abondance". Lorsque la bougie est entièrement consumée, jetez les restes. Le billet doit être conservé dans votre portefeuille ou dans la caisse enregistreuse de votre entreprise.

Rituel pour gagner à la loterie. Pleine lune. (5)

Par une nuit de pleine lune, rassemblez tous les billets de loterie que vous n'avez pas gagnés et brûlez-les avec une bougie dorée. Pendant que vous faites cette opération, répétez dans votre esprit : "Que toutes vos cendres reviennent dans ma vie sous forme de gains et de prix". Dans moins de 40 jours, vous obtiendrez une récompense.

Pour la prospérité financière. La lune dans le quartier levant. (6)

Vous avez besoin :

- 3 brins de romarin frais

- 3 grains de gros sel de mer

- 1 bougie jaune

- 3 cuillères à café de graines de moutarde

- 1 pot en terre cuite

- 3 portions de terre

Mettez dans la marmite un grain de gros sel marin, une poignée de terre, une cuillère à café de moutarde et un brin de romarin dans l'ordre suivant. Puis répétez l'opération jusqu'à ce que tous les ingrédients soient dedans. Placez la bougie jaune devant le pot et allumez-la, puis répétez à haute voix l'invocation suivante : "Que ce pot de prospérité attire les trésors de la terre dans mes mains, éloigne les mauvaises influences et apporte l'abondance dans ma vie". Lorsque la bougie est éteinte, enterrez tous les restes dans un jardin ou un pot de plantes fleuries.

Attire l'abondance matérielle. La lune dans le quartier levant. (7)

Vous avez besoin :

- 1 pièce d'or ou un objet en or, sans pierre.

- 1 pièce de cuivre

- 1 pièce d'argent

Pendant une nuit de croissant de lune, avec les pièces de monnaie dans les mains, allez dans un endroit où les rayons de la lune les illuminent. Les mains levées, vous répéterez : "Lune, aide-moi à ce que ma fortune s'accroisse toujours et que la prospérité soit toujours avec moi". Faites sonner les pièces dans vos mains. Puis mettez-les dans votre portefeuille. Vous pouvez répéter ce rituel tous les mois.

Nouvelle lune, messager de l'argent. (8)

Vous avez besoin :

-1 pièce d'argent

Que la pièce reçoive la sérénité du premier jour de la Nouvelle Lune. Alors vous pouvez le garder là où vous avez votre argent. Vous devriez répéter cc rituel chaque mois, car avec le temps, cette pièce deviendra votre talisman magique pour l'argent.

Protégez votre entreprise contre la magie noire. Croissant de lune. (9)

Vous avez besoin :

- 1 fil d'ail

- 4 pièces d'argent.

- 1 morceau de tissu noir

- 1 plat en verre blanc

- 1 bougie blanche

Les jours de croissant de lune, accrochez le fil d'ail à l'intérieur de la porte d'entrée de votre entreprise. Dans le coin gauche de votre boutique, dépliez le tissu noir et placez les pièces de monnaie aux quatre coins du tissu. Ensuite, mettez la bougie sur l'assiette, placez-la sur le tissu et allumez la bougie, laissez-là se consumer complètement. Les pièces ne doivent jamais être dépensées, enveloppez-les dans le tissu noir et cachez-les dans votre caisse enregistreuse.

Rituel cubain pour l'abondance. Croissant de lune gibbeux. (10)

Vous avez besoin :

-1 cuillère à soupeur de miel

-1 cuillère à soupe de vinaigre blanc ou de cidre de pomme.

Pendant le croissant de lune gibbeux, avant d'aller travailler, et au moment de la planète Jupiter ou Vénus, l'avez-vous les mains comme vous le faites habituellement. Rincez-les ensuite avec du vinaigre, versez du miel dessus et rincez-les à nouveau, mais ne les séchez pas. Pendant que vous faites ce rituel, répétez dans votre esprit : "L'argent viendra et restera avec moi. Puis tapez des mains, vigoureusement.

Rituel de prospérité pour l'ouverture d'une entreprise. Croissant de lune. (11)

Vous avez besoin :

- 1 nouveau vase, transparent

- 5 pièces

- L'eau sacrée

- 1 ruban vert

- 1 bouquet de rue

- 1 bouquet de romarin

- 1 bouquet de persil

Si vous ouvrez votre entreprise lors d'une lune croissante, vous aurez la chance d'accomplir ce rituel. Remplissez le vase avec l'eau sacrée, versez les pièces à l'intérieur. Prenez tous les bouquets de plantes et formez un bouquet auquel vous attacherez le ruban vert et ferez un nœud. Placez-la à l'intérieur du vase. Vous pouvez répéter ce rituel quand vous le souhaitez. Changez le ruban s'il se détériore, si le vase est endommagé remplacez-le, faites de même avec le bouquet. Si vous voyez que les pièces sont tachées, nettoyez-les avec de l'eau, du détergent et un peu d'eau de Floride.

Bain pour attirer les gains financiers sur le croissant de lune. (12)

Vous avez besoin :

- 1 plante de rue

- Eau fleurie

- 5 fleurs jaunes

- 5 cuillères à soupe de miel

- 5 bâtons de cannelle

- 1 bâton d'encens au bois de santal

Le premier jour du croissant de lune, pendant une heure favorable à la prospérité, faire bouillir tous les ingrédients pendant cinq minutes, à l'exception de l'eau de Floride et de l'encens. Divisez ce bain car vous devez le faire pendant cinq jours. L'encens non utilisé doit être conservé au froid. Ajoutez de l'Agua Florida à la préparation et allumez l'encens. Se baigner et se rincer comme d'habitude. Faites couler lentement la préparation de votre cou à vos pieds. Faites cela pendant cinq jours consécutifs.

Préparation d'une grenouille comme amulette monétaire. Nouvelle Lune. (13)

Vous avez besoin :

- 1 grenouille de n'importe quelle matière, à l'exception du tissu.

- Huile de bois de santal

C'est très simple : le premier jour de la Nouvelle Lune, frottez la grenouille avec l'huile de santal et répétez dans votre esprit la phrase suivante : "Petite grenouille, attire l'argent vers moi". Répétez ce qui précède pendant 3 minutes. Ensuite, garde-le sur vous en permanence. Lorsque vous avez besoin d'argent, répétez sept fois la phrase ci-dessus et caressez le dos de votre grenouille.

Rituel pour garantir la prospérité avant d'ouvrir une entreprise. Croissant de lune. (14)

Vous avez besoin :

- 1 table ronde

- 1 tissu jaune

- 3 bougies dorées

- 3 bougies bleues

- Blé

- Riz

Dans un endroit calme et isolé de votre maison, placez une table ronde, que vous nettoierez avec du vinaigre. Placez le tissu jaune dessus. Allumez les 3 bougies dorées en forme de triangle, en commençant par la bougie située à l'extrémité, dans le sens des aiguilles d'une montre. Au milieu, placez une poignée de blé et, ce faisant, visualisez toute la prospérité que votre nouvelle entreprise vous apportera. La deuxième nuit, vous placez à côté des bougies dorées les 3 bougies bleues, vous les allumez et à la place du blé, vous placez une poignée de riz. Concentrez votre esprit sur votre réussite. Lorsque les bougies sont consumées, enveloppez le tout dans le tissu jaune et enterrez-le.

Sort pour la prospérité d'une entreprise en faillite. Quartier de la lune montante. (15)

Vous avez besoin :

- Semoule de maïs

- Eau de rose

- Le sucre

- Miel

- Chapelure

- 2 pièces de cuivre

- 2 pierres de pyrite

- 1 sac en tissu rouge

- 1 feuille de papier blanc sur laquelle vous écrirez le nom du magasin et son adresse

- 1 petite boîte en bois

- 1 bougie dorée

Vous devez préparer une boule en pétrissant de la farine et de l'eau de rose ; une autre boule avec du sucre, du miel et de la chapelure. A l'intérieur de chaque boule, placez une pièce de cuivre et une pyrite. Placez les deux pâtes et le papier blanc portant le nom de l'entreprise à l'intérieur du sac en tissu rouge. Mettez tout dans une petite boîte en bois et allumez la bougie dorée. Ce sort doit être fait au moment de Jupiter.

Rituel pour augmenter la clientèle. Croissant de lune gibbeux. (16)

Vous avez besoin :

- 5 feuilles de rue

- 5 feuilles de rom romarin

- 5 grains de gros sel marin

- 5 grains de café

- 5 grains de blé

- 1 pierre magnétique

- 1 sac en tissu blanc

- Fil rouge

- Encre rouge

- 1 carte de visite

- 1 pot avec une grande plante verte

- 4 quartz citrine

Placez tout le matériel à l'intérieur du sac blanc, à l'exception de l'aimant, de la carte et des citrines. Cousez-le ensuite avec du fil rouge, puis écrivez le nom de l'entreprise à l'extérieur avec de l'encre rouge. Pendant une semaine complète, laissez le sac sous le comptoir ou dans un tiroir de votre bureau. Après cette période, vous l'enterrez au fond du pot de fleurs avec la pierre magnétique et la carte de visite. Enfin, placez les quatre citrines dans la direction des quatre points cardinaux sur la terre du pot.

Rituel péruvien pour accélérer les ventes. Nouvelle Lune. (17)

Il s'agit d'une recette efficace pour la protection de l'argent, la multiplication des ventes dans votre entreprise et la guérison énergétique du lieu.

Vous avez besoin :

-1 bougie verte

-1 pièce

- sel marin

-1 pincée de piment fort

Vous devez effectuer ce rituel un jeudi ou un dimanche à l'heure de la planète Jupiter ou du Soleil. Il ne doit pas y avoir d'autres personnes dans les locaux de l'entreprise.

Allumez la bougie et autour d'elle, en forme de triangle, placez la pièce de monnaie, une poignée de sel et la pincée de piment. Il est essentiel de placer le poivre à droite et la poignée de sel à gauche. La pièce doit se trouver au sommet de la pyramide. Restez debout pendant quelques minutes devant la bougie et visualisez tout ce que vous souhaitez en termes de prospérité. Les restes que vous pouvez jeter, la pièce que vous gardez sur votre lieu de travail pour la protéger.

Rituel somalien pour attirer l'argent avec la pleine lune. (18)

Vous avez besoin :

- 1 pièce d'argent

- 1 bougie d'or

- 1 pointe de quartz blanc

- Sel de mer

- Coupe avec eau bénite

- 1 encens à la cannelle

- 1 plateau métallique

Sur une petite table ronde, vous placerez un ingrédient de chaque élément. Le plateau avec le sel de mer représentant la terre, une bougie comme symbole du feu, la coupe avec l'eau sacrée représentant l'eau, et l'encens représentant l'air. Levez chaque symbole vers le ciel en pointant vers le point cardinal qui le représente. Une fois que c'est fait, allumez la bougie. Placez la pièce de monnaie et la pointe de quartz dans la coupe d'eau, allumez l'encens et passez la coupe avec la pièce de monnaie au-dessus de la bougie en répétant : "Belle Lune, apporte-moi la prospérité, remplis mes mains d'argent". Répétez cette opération cinq fois. Lorsque la bougie s'éteint, jetez l'eau et gardez la pièce et le quartz dans un endroit secret où personne ne peut les toucher.

Prospérité matérielle avec la pleine lune. (19)

Vous avez besoin :

- 7 pièces d'usage courant mais de grande valeur

- 7 feuilles de laurier

- 1 bol profond

- Gros sel marin

Faites cuire les feuilles de laurier dans de l'eau jusqu'à ce que l'eau devienne vert foncé. Retirez du feu et attendez qu'il refroidisse suffisamment. Remplissez ensuite le bol avec le sel marin, lavez les pièces de monnaie dans l'eau extraite du laurier et enterrez-les dans le sel marin. Retirez les feuilles de laurier que vous avez fait cuire et mettez-les dans le bol. Pendant ce processus, vous devez demander que votre prospérité augmente, visualisez-la. Gardez le bol avec les pièces, le sel et les feuilles de laurier dans un endroit inaccessible.

Abondance matérielle toute l'année. Pleine lune. (20)

Vous avez besoin :

- 1 tasse pleine d'eau sacrée

- 1 raisin

- 1 billet de petite coupure

- Sucre brun

- 1 mouchoir blanc

Placez le raisin et le billet de banque dans la coupe remplie d'eau sacrée. Laissez-l 'exposé à la lumière de la pleine lune, si possible à l'air libre. Les trois nuits suivantes, après minuit, ajoutez une cuillerée à café de sucre brun. Le quatrième jour, faites sécher le billet au soleil et, une fois sec, enveloppez-le dans le mouchoir blanc. Gardez la note dans un portefeuille ou un sac à main inutilisé et enterrez le raisin dans un pot de terre. Pour garantir le succès de ce rituel, répétez-le cinq fois par an. Les billets utilisés doivent être conservés dans le même mouchoir et les raisins doivent être enterrés.

Rituel pour la chance dans les jeux de hasard. (21)

Sur un billet de loterie, vous inscrivez la somme d'argent que vous voulez gagner au recto du billet et votre nom au verso. Vous brûlez le billet avec une bougie verte. Recueillir les cendres dans un papier violet et les enterrer.

Faites votre pierre d'argent. Pleine lune. (22)

Vous avez besoin :

- La terre

- L'eau sacrée

- 7 pièces de monnaie de toute dénomination

- 7 pierres de pyrite.

- 1 bougie verte

- 1 cuillère à café de cannelle

- 1 cuillère à café de sel de mer

- 1 cuillère à café de sucre brun

- 1 cuillère à café de riz

Vous devez effectuer ce rituel à la lumière de la pleine lune, c'est-à-dire en plein air.

Versez l'eau avec la terre dans un bol de manière à obtenir une masse épaisse. Ajoutez les cuillères à café de sel, de sucre, de riz et de cannelle au mélange et placez les 7 pièces de monnaie et les 7 pyrites à différents endroits au milieu du mélange. Mélangez le tout uniformément et lissez-le avec une cuillère. Laissez le récipient sous la lumière de la pleine lune toute la nuit, et une partie du jour suivant au soleil pour le faire sécher. Une fois sec, apportez-le dans votre maison et placez la bougie verte allumée dessus. Ne nettoyez pas cette pierre des résidus de cire. Placez-la dans votre cuisine, aussi près d'une fenêtre que possible.

Gagner de l'argent avec la Lunar Cup. Pleine lune. (23)

Vous avez besoin :

- 1 gobelet en verre

- 1 grande assiette

- Sable fin

- Paillettes d'or

- 4 tasses de sel de mer

- 1 quartz malachite

- 1 tasse d'eau de mer, de rivière ou d'eau bénite

- Bâ bâtonnets de can can cannelle ou poudre de can can can can cannelle

- Basilic frais ou séché

- Persil frais ou séché

- Grains de maïs

- 3 billets de banque de la dénomination courante

Placez les trois billets de banque pliés, les bâtons de cannelle, les grains de maïs, la malachite, le basilic et le persil dans le verre. Mélangez les paillettes avec le sable et ajoutez-les dans la tasse jusqu'à ce qu'elle soit complètement remplie. Sous la lumière de la pleine lune, placez l'assiette avec les quatre tasses de sel marin. Placez la tasse au milieu de l'assiette, entourée du sel. Versez la tasse d'eau sacrée dans le plat, afin qu'elle humidifie bien le sel, laissez-le toute la nuit à la lumière de la pleine lune, et une partie de la journée jusqu'à ce que l'eau fume et que le sel soit à nouveau sec. Ajoutez quatre ou cinq grains de sel dans la tasse et jetez le reste. Apportez la tasse à l'intérieur de votre maison, dans un endroit visible ou là où vous gardez votre argent. Chaque jour de pleine lune, tu saupoudreras un peu du contenu de la tasse dans tous les coins de ta maison, et tu balaieras le lendemain.

Rituel pour l'abondance avec le citron. Quartier de lune décroissante. (24)

Vous avez besoin :

(À réaliser à l'époque de la planète Saturne)

- 1 gros citron

- 1 assiette blanche

- 1 carré Sator (vous pouvez l'imprimer ou le faire manuellement).

Coupez le citron en croix à l'aide d'un couteau et répétez les mots suivants tout en effectuant cette action : "Je retire de ma vie toutes mes mauvaises pensées et toutes les présences négatives, j'accueille la prospérité et l'abondance". Placez le citron sur le carré de Sator dans l'assiette blanche et placez-la sous votre lit du côté où vous dormez pendant sept nuits, puis sortez-la, jetez le citron et brûlez le carré.

Miroir magique pour l'argent. Pleine lune. (25)

Procurez-vous un miroir de 40 à 50 cm de diamètre et peignez le cadre en noir. Lavez le miroir avec de l'eau sacrée et couvrez-le avec un tissu noir. La première nuit de la Pleine Lune, exposez-le aux rayons de la lune afin de pouvoir voir l'ensemble du disque lunaire dans le miroir. Demandez à la lune de consacrer ce miroir pour illuminer vos souhaits. La nuit suivante de la Pleine Lune, dessinez avec un crayon le symbole de l'argent 7 fois ($$$$$$$). Fermez les yeux et visualisez-vous avec toute l'abondance matérielle que vous désirez. Laissez les symboles dessinés jusqu'au lendemain matin. Nettoyez ensuite le miroir jusqu'à ce qu'il n'y ait plus de traces de la peinture que vous avez utilisée, en utilisant de l'eau bénite. Remettez votre miroir dans un endroit où personne ne le touchera. Vous devrez recharger l'énergie du miroir trois fois par an lors des pleines lunes afin de pouvoir répéter le sort. Si vous faites cela pendant une heure planétaire en rapport avec la prospérité, vous ajouterez une super énergie à votre intention.

Le sort "Ouvrir les voies de l'abondance". Effectuer après 24 heures de la Nouvelle Lune. (26)

Vous avez besoin :

- Laurel

- Romarin

- 3 pièces d'or

- 1 bougie dorée

- bougie argentée

- 1 bougie blanche

Placez les bougies en forme de pyramide, placez une pièce de monnaie à côté de chacune d'elles et les feuilles de laurier et de romarin au milieu de ce triangle. Allumez les bougies dans cet ordre : d'abord l'argent, le blanc et l'or. Répétez cette invocation : "Par le pouvoir de l'énergie purificatrice et de l'énergie infinie, j'invoque l'aide de toutes les entités qui me protègent pour guérir mon économie".

Laissez les bougies se consumer complètement et mettez les pièces dans votre portefeuille ; ces trois pièces ne doivent pas être dépensées. Lorsque le laurier et le romarin sont secs, brûlez-les et faites passer la fumée de cet encens dans votre maison ou votre entreprise.

Sorts pour être millionnaire. Pleine lune. (27)

Vous avez besoin :

- 3 pyrites de citrine ou quartz de citrine.

- 3 pièces d'or

- 1 bougie de couleur or

- 1 sac rouge

Le premier jour de la Pleine Lune, vous placez une table près d'une fenêtre où vous pouvez observer la Pleine Lune ; sur la table, vous placerez les pièces de monnaie et le quartz en forme de triangle. Allumez la bougie, placez-la au centre et en regardant la lune, répétez trois fois la prière suivante : "Pleine Lune qui illumine ma vie, utilise le pouvoir que tu as pour m'attirer de l'argent et fais en sorte que ces pièces se multiplient". Lorsque la bougie s'est éteinte, vous mettez les pièces et le quartz de la main droite dans le petit sac rouge, portez-le toujours sur vous, il sera votre talisman pour attirer l'argent, personne ne doit le toucher.

Rituel pour trouver un emploi. Pleine lune. (28)

Vous avez besoin :

- 1 bougie verte

- Feuilles de menthe poivrée

- Huile de bois de santal

- 1 cuillère à soupe de cannelle en poudre

- 1 aiguille à coudre

Écrivez sur la bougie verte avec l'aiguille "Je souhaite avoir un excellent travail", puis consacrez la bougie avec vos mains en frottant l'huile de santal et en saupoudrant la cannelle. Allumez la bougie et placez les feuilles de menthe poivrée autour d'elle. Lorsque la bougie est consommée, vous pouvez la jeter à la poubelle.

Rituel pour les personnes qui vont travailler pour la première fois. Nouvelle Lune. (29)

Ce rituel est effectué lors de la nouvelle lune ou du croissant de lune, à l'heure de la planète Mars ou Mercure.

Vous placez sept bougies jaunes autour de votre photo. Vous brûlez un encens de bois de santal pendant ce rituel. Prenez du persil et placez-le autour de la photo. Concentrez-vous intensément sur l'objectif final (obtenir un emploi). Allumez ensuite les bougies jaunes dans le sens inverse des aiguilles d'une montre. Récitez trois fois de suite la prière suivante : "Mon ange gardien, accorde-moi le poste de (dites la profession que vous souhaitez obtenir)". Les restes des bougies et de la photo doivent être enterrés.

Sort pour améliorer vos revenus financiers. Croissant de lune. (30)

Vous avez besoin :

- 1 mouchoir jaune

- 1 bougie dorée

- 4 pièces d'or

- 1 pot en porcelaine blanche

- 4 cuillères de miel

- 1 rose jaune

- 1 feuille de papier octogonale

- encre noire

- 1 chaudron en métal

Placez le chaudron métallique sur le mouchoir jaune, insérez la bougie dorée avec les quatre pièces de monnaie insérées en ligne et le récipient avec le miel. Placez la rose jaune sur le miel. Écrivez votre demande à l'encre noire sur le papier et insérez-le dans une boule. Allumez la bougie pendant une demi-heure le matin et le soir, en répétant à haute voix la demande que vous avez écrite sur le papier. Après une demi-heure, vous devez recouvrir tout ce qui se trouve dans le mouchoir. Après neuf jours, prenez les restes de la bougie, le récipient avec le miel et la fleur, et enveloppez le tout avec la natte, en la fermant avec sept nœuds. Vous devez jeter le paquet sur le dos, avec la main droite et les yeux fermés, dans la mer ou dans une rivière aux eaux vives à l'heure de la planète Vénus.

"Money Magnet" Croissant de lune. (31)

Vous avez besoin :

- 1 verre à vin vide

- 2 bougies vertes

- 1 poignée de riz blanc

- 12 pièces ayant cours légal

- 1 aimant

- Riz blanc

Allumez les deux bougies, une de chaque côté du verre à vin. Au fond du verre, vous placez l'aimant. Prenez ensuite une poignée de riz blanc et placez-la dans le verre. Ensuite, vous placez les douze pièces dans le verre. Lorsque les bougies sont consumées jusqu'au bout, vous placez les pièces dans le coin de prospérité de votre maison ou de votre entreprise.

L'édulcoration pour attirer l'argent rapidement. Nouvelle Lune. (32)

Vous avez besoin :

- 1 billet ayant cours légal, quelle que soit sa valeur.

- 1 récipient en cuivre.

- 8 pièces d'or ayant cours légal ou petites pièces chinoises.

- 1 brin de basilic séché

- Des grains de riz.

- 1 sac de couleur or

- 1 ruban jaune

- 1 craie blanche

- Gros sel marin

- 9 bougies dorées.

- 9 bougies vertes

Faites-le au moment de la planète Jupiter.

Tracez un cercle avec la craie blanche, de préférence dans la cour (si vous n'avez pas cette possibilité, faites-le sur le sol d'une pièce dont les fenêtres peuvent rester ouvertes). Après minuit, vous placez le récipient en cuivre au milieu du cercle, vous pliez le billet de banque en quatre parties égales et vous le placez à l'intérieur du récipient en cuivre. Dans ce récipient, vous devez également mettre le basilic séché, le riz, le sachet, le ruban jaune et les huit pièces de monnaie. Autour du récipient, à l'intérieur du cercle, placez les neuf bougies vertes. À l'extérieur du cercle, vous placez les neuf bougies dorées. Avec le sel marin, vous ferez un troisième cercle en dehors des deux rangées de bougies. Allumez ensuite les bougies vertes dans le sens des aiguilles d'une montre en répétant à haute voix l'incantation suivante : "Je demande au Soleil de me remplir d'or, je demande à la Lune de me remplir d'argent et je demande à la grande planète Jupiter de me remplir de richesses. Lorsque vous avez terminé l'invocation, commencez à allumer les bougies dorées, mais cette fois dans le sens inverse des aiguilles d'une montre, et répétez la prière ci-dessus. Lorsque les bougies se sont consumées, balayez tous les débris vers la porte de sortie, ramassez-les et mettez-les dans un sac en nylon. Ce sac devrait être jeté à un carrefour. Le riz, le bouquet de basilic et les sept pièces d'or sont placés dans le sac et attachés avec le ruban. Cela servira d'amulette. Gardez la note dans un sac à main ou un portefeuille que vous n'utilisez pas.

L'édulcoration mexicaine pour attirer la prospérité. Nouvelle Lune. (33)

Vous avez besoin :

-1 bougie bleu clair ou rose

-1 feuille de papier brun. (Papier brun)

-1 bougie blanche

- 1 récipient en métal avec des poignées

- Charbon de bois

- pelures d'orange, de menthe, de romarin et d'oignon

- Sucre brun

- Pétales de rose

- 1 clé

- Pièces de monnaie de toute valeur

- 7 bougies : noire, verte, rouge, orange, blanche, bleue, violette, blanche, violette

- Sachet

- 1 ruban rouge

- 1 photo de vous en pied

Ce rituel doit être effectué un jeudi ou un dimanche à l'heure de la planète Jupiter.

Sur une table qui servira d'autel pour ce rituel, allumez le charbon de bois dans la casserole métallique et ajoutez les écorces d'orange, de menthe, de romarin et d'oignon. Vous faites le tour de la maison avec le récipient, en fumant tous les coins des pièces. Vous commencez par le côté gauche de la porte d'entrée de la maison, en allant jusqu'à l'arrière de la maison. Vous laisserez ensuite le pot sur la porte d'entrée pour que le charbon de bois et les herbes brûlent. Au centre de l'autel, vous placerez une bougie blanche à côté de votre photo. C'est la bougie que vous allumerez en premier, car elle vous sert de protection. Ensuite, vous placez la bougie bleue, autour de laquelle vous placerez du sucre brun. Puis, sur le papier en bois, vous écrirez : "Que ce rituel débloque mon chemin vers la fortune et que l'argent vienne dans mes mains en abondance".

Pliez le papier en quatre parties égales et placez-le au centre de l'autel. Placez ensuite les sept bougies en forme de cercle sur l'autel dans le sens des aiguilles d'une montre, dans l'ordre suivant : la bougie noire, la bougie verte, la bougie rouge, la bougie orange et enfin la bougie brune. Vous placerez également les pétales de rose, la clé et les pièces. Vous ferez un petit chemin avec le reste du sucre et les cendres, qui iront de chacune des cinq bougies à la bougie blanche que vous avez placée au début. En vous concentrant très bien, vous commencerez par allumer la bougie noire, qui a pour fonction de couper toutes les énergies négatives qui peuvent apparaître sur le chemin, en visualisant comment tout ce qui entrave votre prospérité s'éloigne. Ensuite, vous allumez la bougie verte, la rouge, l'orange, la blanche, la bleue et enfin la bougie violette. Enfin, vous demanderez votre succès et cette abondance ne vous quittera plus. Une fois les bougies éteintes, placez les pétales, la clé et les pièces dans le sac et attachez-le avec le ruban rouge. Cette pochette sera utilisée comme un porte-bonheur. Le reste des bougies et de l'encens est placé dans un sac en plastique et déposé dans le coin d'un centre commercial.

Bain africain avec de l'urine pour attirer la prospérité. Nouvelle lune et pleine lune. (34)

Je voudrais faire remarquer que l'urine possède certains pouvoirs magiques qui sont utilisés et reconnus depuis des siècles.

Le premier jour de la phase de nouvelle lune, vous devez uriner dans une bouteille en verre (mesurez environ un litre). Urinez continuellement pendant la journée jusqu'à ce qu'elle soit pleine. Ajoutez 7 cuillères à soupe de sucre brun dans le flacon, secouez-le jusqu'à ce qu'il se mélange bien à l'urine. Ensuite, brûlez un petit billet de banque et mettez les cendres dans la bouteille. Mettez trois ou quatre de vos cheveux (si vous ne voulez pas les couper, vous pouvez les prendre dans votre brosse à cheveux) et mettez-les dans le flacon. À minuit, prenez un bain et lorsque vous vous êtes rincé, versez lentement le contenu de la bouteille sur votre tête, en le laissant couler sur tout votre corps. Avec vos mains, frottez le liquide sur tout votre corps nu, de la tête aux pieds. Tout en le versant et en le frottant, répétez lentement ces mots : " Liquide salé de l'intérieur de moi, combine-toi avec la douceur de l'extérieur. Du nord, du sud, de l'est et de l'ouest, du haut et du bas, j'exige que vous m'apportiez des richesses".

Laissez le liquide sécher sur votre peau et rester sur votre corps pendant au moins cinq heures, après quoi prenez un nouveau bain. Ce rituel doit être répété consécutivement pendant sept jours et doit être achevé avant la phase de pleine lune.

Bain d'argent nigérian. Croissant de lune. (35)

La nuit du croissant de lune, placez du bicarbonate de soude dans un bocal en plastique, puis ajoutez trois cuillères à soupe de sel marin, trois graines de moutarde et trois verres d'eau bénite chaude. Mélangez bien ces ingrédients. À l'aide d'une petite serviette, frottez ce mélange sur votre corps nu de la tête aux pieds (après avoir pris un bain normal). Tout en frottant le liquide, répétez trois fois dans votre esprit : "Avec votre pouvoir et le pouvoir des éléments, j'enlève toute malchance, et j'attire la richesse".

Laissez le liquide sécher complètement sur votre corps. Se baigner après 3 heures. Vous devez répéter ce bain les deux nuits suivantes et avant la pleine lune.

Nettoyage nigérian pour l'abondance.

Un vendredi à midi, c'est-à-dire à 12 heures, brûlez un billet en papier dans un récipient en métal. Ajoutez à ces cendres trois cuillères à soupe de sel marin, mélangez bien avec les cendres. Vous allez mettre une pincée de ce mélange aux quatre coins de toutes les pièces de votre maison, assurez-vous qu'ils tombent sur le sol, s'il y a des tapis vous devez le passer le long des murs. Lorsque vous déposez le mélange, répétez : "Je te mets ici, cendre et sel, je te mets ici sel et cendre, et tu m'attireras la richesse". Ce rituel d'argent simple mais puissant peut également être utilisé dans votre entreprise.

Le rituel du cash-flow.

Vous avez besoin :

- 2 pièces d'argent de toute dénomination

- 1 récipient en verre transparent

- L'eau sacrée

 - Sel de mer

- Lait frais

- Pierre d'améthyste

Ajoutez l'eau sacrée et le sel marin dans le bol. Placez les pièces de monnaie dans l'eau, et répétez dans votre esprit : "Tu te nettoies et te purifies, tu me rends prospère". Deux jours plus tard, vous retirez les pièces de l'eau, allez dans le jardin, creusez un trou et enterrez les pièces et l'améthyste. Si vous n'avez pas de jardin, enterrez-les dans un endroit où il y a de la terre. Lorsque vous avez enterré les pièces, avant de refermer le trou, versez du lait frais dessus. Pensez à la somme d'argent que vous souhaitez obtenir. Une fois que vous avez exprimé vos souhaits, vous pouvez couvrir le trou. Essayez de le cacher le mieux possible pour que personne n'y creuse à nouveau. Après six semaines, déterrez les pièces et l'améthyste, gardez-les toujours sur vous comme amulettes.

Sort pour obtenir des objets matériels.

Ce sort vous aidera à obtenir les biens matériels dont vous avez envie.

Vous avez besoin :

- 1 pomme

- 1 photographie de l'objet que vous souhaitez obtenir (vous pouvez la dessiner)

- 2 feuilles de saule

Vous creusez un grand trou dans votre cour ou votre jardin, insérez une feuille de saule dans le trou en disant à haute voix : "Par le pouvoir de ce saule, (objet désiré) est à moi". Prenez une bouchée de la pomme, mâchez-la et avalez-la, répétez : "Par le pouvoir de cette pomme, (objet désiré) est à moi" Vous placez la pomme sur la feuille de saule. Maintenant, avec l'image de l'objet désiré dans vos mains, répétez : "J'invoque mon ange gardien pour qu'il m'accorde mon souhait". Placez la photographie dans le trou, et placez l'autre feuille de saule par-dessus. En recouvrant le trou, vous répétez dans votre esprit : "Mon souhait est réalisé".

Romani Talismanique Fortune.

Le talisman suivant est idéal pour attirer les biens matériels de toutes sortes. Vous devez le consacrer un dimanche à l'heure de la planète Jupiter ou Vénus. Dessinez le talisman, piquez votre doigt avec une aiguille à coudre neuve, et faites-y tomber trois gouttes de votre sang. Tenez le talisman entre vos mains, et levez-les en direction du Soleil. Convoquez mentalement le pouvoir du Soleil pour qu'il entre dans le talisman à travers vous. Dites à haute voix le but du talisman. Mettez-le dans votre sac à main ou votre portefeuille.

Talisman.

Un sort pour modifier le flux d'argent.

Vous avez besoin :

- 1 pièce d'argent de n'importe quelle valeur

- 1 récipient en verre

- Eau sacrée ou eau de la pleine lune

- Sel de mer

- 1 bougie d'or ou d'argent

- 1 aiguille

- Correspondances

Ajoutez l'eau et le sel dans le récipient. Placez la pièce dans l'eau, et répétez : "Tu te purifies et tu me rends riche". Sortez ensuite la pièce de l'eau et séchez-la. Tu prends la bougie, et avec l'aiguille, tu écris dessus le symbole de l'argent $$$". Avec la bougie dans vos mains, vous répétez : "Cette bougie m'apporte de l'argent". Vous allumez la bougie, et déposez quelques gouttes de cire sur la pièce. Ensuite, vous placez la bougie sur la pièce, pour qu'elle colle. Une fois la bougie et la pièce collées, répétez votre pétition économique en disant : "Par la puissance du feu, par les énergies de cette bougie, par la couleur dorée ou argentée, je deviens un aimant pour l'argent. Que ma volonté soit faite. Qu'il en soit ainsi, qu'il en soit ainsi et qu'il en soit ainsi."

Sort pour augmenter votre magnétisme personnel et votre abondance.

Vous avez besoin :

- 3 bougies blanches

- 2 bougies orange

- 4 oranges (fruits)

- 1 nouvelle aiguille à coudre

- Correspondances

Commencez ce sort un dimanche au lever du soleil. Prenez une bougie blanche, et avec l'aiguille écrivez votre nom dessus. Coupez l'orange, mangez-en un petit morceau. Allumez votre bougie, et répétez dans votre esprit : "En mangeant ce fruit, j'ingère le pouvoir de Râ" Laissez la bougie s'éteindre. Vous répétez ce rituel de la même manière et à la même heure les deux dimanches suivants. Le dernier dimanche du mois, le rituel est légèrement différent. Vous prenez les deux bougies orange, et les tenez en direction du Soleil levant en répétant : "Puissant Râ, que ces bougies perdurent avec ton pouvoir". Vous allumez les bougies, et à côté d'elles vous placez une orange complètement épluchée. Prenez l'orange, et répétez : "Avec ceci, je connecte votre pouvoir au mien". Laissez les bougies s'éteindre.

Sort pour que votre Aura projette et attire l'abondance.

Vous avez besoin :

- 1 orange (fruit)

- 1 photo de vous-même

- Poudre de cannelle

- Tourmaline noire

Prenez l'orange et coupez-la en deux, placez votre photo au milieu. Ouvrez un trou dans votre cour ou votre jardin et placez-y l'orange, saupoudrez la cannelle sur l'orange et répétez : "Comme le soleil brille, je brillerai jusqu'à la fin de ma vie". Placez la tourmaline et fermez le trou. Lorsque la terre acceptera votre offrande, et que l'orange se désintégrera, votre aura sera un aimant à argent.

Sort pour nettoyer la négativité dans votre maison ou votre entreprise.

Vous avez besoin :

- 1 coquille d'œuf

- 1 bouquet de fleurs blanches

- Eau bénite ou eau de la pleine lune

- Lait

- Poudre de cannelle

- Nouveau seau de nettoyage

- Nouvelle serpillière

Vous commencez par balayer votre maison ou votre entreprise de l'intérieur vers l'extérieur de la rue en répétant dans votre esprit de laisser sortir le négatif et entrer le positif. Vous mélangez tous les ingrédients dans le seau et vous essuyez le sol de l'intérieur à l'extérieur de la porte de la rue. Laissez le sol sécher et balayez les fleurs vers la porte de la rue, ramassez-les et jetez-les à la poubelle avec le seau et la serpillière. Ne touchez rien avec vos mains. Vous devez le faire une fois par semaine, de préférence à l'époque de la planète Jupiter.

Sort pour nettoyer votre entreprise des mauvaises vibrations.

Vous avez besoin :

- 1 bouquet de persil

- 1 bouquet de basilic

- Miel

- Sel de mer

- 1 petit verre d'eau

- 1 pot en terre cuite

Placez les deux branches dans un mixeur avec le miel, le sel et le verre de rhum. Mélangez pendant trois minutes. Séparez le liquide en trois parties égales. Versez une partie devant la porte du magasin. Les autres parties doivent être conservées à l'intérieur du magasin dans un récipient en terre cuite, et le reste, bien couvert, doit être conservé au réfrigérateur. Le rituel doit être répété pendant un mois, chaque dimanche et jeudi de la semaine.

Sort pour protéger votre maison ou votre entreprise des cambriolages.

Vous avez besoin :

- 1 pot en cuivre

- Alcool à 90 degrés

- 1 brin de rue

- 1 améthyste

Vous devez faire macérer tous les ingrédients immergés dans l'alcool dans le récipient pendant une phase complète du croissant de lune. Chaque jour, dès qu'il fait sombre, secouez le mélange. Après cette lunaison, vous transférez le liquide du récipient dans la bouteille du vaporisateur et vous y mettez l'améthyste. Vous pouvez ainsi fumiger tous les coins des pièces de votre maison ou de votre bureau.

Rituel pour s'améliorer au travail.

Vous avez besoin :

- 3 bougies vertes

- 2 bougies blanches

- 2 bougies jaunes

- 1 cartouche de papier

Placez les bougies en cercle, dans le sens des aiguilles d'une montre, d'abord les bougies vertes, puis les blanches et enfin les jaunes. Écrivez vos demandes sur le papier et placez-le plié au centre du cercle. Allumez les bougies et répétez sept fois : "J'ai la force et la foi, j'oriente ma vie vers l'abondance". Ce rituel doit être effectué au moins deux fois par semaine avant de se rendre au travail. De préférence les mardis et les jeudis.

Rituel pour changer d'emploi.

Vous avez besoin :

- 1 bougie vert foncé.

- 1 bougie rouge.

- 1 bougie violette

- 1 feuille de papier avec les détails de l'emploi que vous voulez obtenir ou changer.

Allumez les bougies en forme de pyramide et placez le papier plié au centre. Répétez sept fois : "Je suis bien avec ce que j'ai, mais je souhaite être mieux, dans un lieu plus conforme à mes goûts et à mes attentes. Je prie donc mon ange gardien de m'aider dans cette quête". Répétez cela sept fois. Ce rituel doit être effectué avant de partir au travail.

Un sort de gitan pour trouver un travail.

Vous avez besoin :

- 1 bougie blanche

- 1 bougie combinée jaune et noire

- 1 sac en tissu rouge

- 1 ruban jaune

- 2 feuilles de papier jaune

- Gelée d'abeille

- rue

- Charbon de bois

- 1 quartz citrins

- 1 parfum ou de la lavande

- Nouvelle aiguille à coudre

- Nouvelle grande plaque de verre

Inscrivez votre nom complet sur la bougie blanche, à l'aide de la nouvelle aiguille, que vous enterrerez ensuite dans la cour de votre maison. Allumez la bougie blanche. Ensuite, sur l'une des feuilles de papier jaune, vous écrivez votre demande pour le nouveau travail, en incluant des détails spécifiques tels que l'argent que vous voulez gagner et le poste que vous voulez, vous étalez la gelée d'abeille dessus, vous la pliez en quatre et vous la placez sur la nouvelle assiette. Mentalisez votre demande et répétez-la tout au long du rituel. À côté de l'assiette, placez le sac contenant la rue que vous utiliserez pour l'encens, quelques gouttes de parfum et le quartz citrine. Ensuite, allumez le charbon de bois et ajoutez la rue par-dessus. Vous commencez l'encens à partir du point le plus éloigné de la porte d'entrée, c'est-à-dire de l'arrière vers l'avant ; puis vous le laissez se consumer tout seul, à proximité du rituel. Sur l'autre papier jaune, vous écrivez le nom complet de la personne. Avec ce papier, on enveloppe la bougie bicolore, on l'allume et on la place près de l'assiette, du petit sac servant de talisman et du flacon de parfum (toujours ouvert), puis on répète trois fois : "Ici et maintenant, tous mes souhaits sont réalisés pour mon progrès personnel et celui de ma famille". Placez la citrine à l'intérieur du sachet et fermez-le avec le ruban jaune. Lorsque la bougie s'éteint, le sachet vous sert d'amulette.

Un sort pour obtenir un meilleur emploi.

Vous avez besoin :

- 1 bougie combinée jaune et rouge.

- 1 bougie rouge

- 1 bougie noire

- 7 bougies jaunes

- 1 cartouche de papier

- Miel

- Charbon de bois

- Encens à l'eucalyptus

- 3 feuilles de rue

- 3 feuilles de menthe

- 1 bouteille de parfum

- 1 nouveau plateau métallique

- 1 nouvelle aiguille à coudre

Inscrivez votre nom complet sur la bougie bicolore avec l'aiguille. Sur la bougie noire, le nom de l'entreprise. Sur la bougie verte, le métier auquel vous aspirez et sur la bougie rouge, à nouveau votre nom complet. Sur le papier cartouche, vous devez préciser l'emploi que vous souhaitez obtenir ou l'entreprise dans laquelle vous travaillez. Ce papier doit être enduit de miel, plié en quatre et placé sur le plateau. Sur les sept bougies jaunes, vous écrivez avec l'aiguille le travail que vous voulez. Lorsque tout est prêt, on allume le charbon de bois et on y place les feuilles de rue et de menthe, avec quelques gouttes du parfum choisi. Laissez-la brûler pendant que vous allumez la bougie bicolore et la placez à côté de la bougie avec le papier (celle que vous avez enduite de miel). Allumez toutes les bougies suivantes avec la même flamme : la bougie noire, que vous placerez à gauche du plateau, la bougie verte à droite et la rouge au centre. Les restes peuvent être jetés à la poubelle.

Un sort pour réussir les entretiens d'embauche.

Placez trois feuilles de sauge, de basilic, de persil et de rue dans un sac vert. Ajoutez un quartz œil de tigre et une malachite. Fermez le sac avec un ruban doré. Pour l'activer, vous le mettez dans votre main gauche au niveau de votre cœur, puis quelques centimètres au-dessus vous mettez votre main droite, fermez les yeux et imaginez une énergie blanche qui sort de votre main droite vers votre main gauche en recouvrant le sac. Garde-le dans votre sac à main ou votre poche.

Nettoyer pour avoir des clients.

Écraser dix noisettes décortiquées et un brin de persil dans un mortier et un pilon. Faites bouillir deux litres d'eau de la pleine lune et ajoutez les ingrédients écrasés. Laissez bouillir pendant 10 minutes puis filtrez. Avec cette infusion, vous nettoierez le sol de votre entreprise, de la porte d'entrée jusqu'au fond. Vous devez répéter ce nettoyage tous les lundis et jeudis pendant un mois, si possible à l'heure de la planète Mercure.

Sort pour créer un bouclier économique pour votre entreprise ou votre travail.

Vous avez besoin :

- 5 pétales de fleurs jaunes

- Graines de tournesol

- Écorce de citron séchée au soleil

- Farine de blé

- 3 pièces de monnaie d'usage courant

Écraser les fleurs jaunes et les graines de tournesol dans un mortier et un pilon, puis ajouter le zeste de citron et la farine de blé. Mélangez bien les ingrédients et conservez-les avec les trois pièces dans un bocal hermétiquement fermé. Vous devriez utiliser cette préparation chaque matin avant de quitter la maison. Vous devez mettre le bout des cinq doigts de votre main gauche d'abord, puis de votre main droite, dans le bocal, puis le frotter sur les paumes de vos mains.

Rituel pour éviter de perdre son emploi.

Vous avez besoin :

- 1 gros clou de girofle rouillé

- 1 petite tasse de bonbons à la goyave

- 1 petit sac en plastique

- 1 petit sac en tissu jaune

- 1 bougie orange

- 1 bougie violette

- 3 feuilles de laurier

- 1 aiguille et du fil

Placez les bougies orange et violette sur le bord d'une fenêtre, entre elles, placez la tasse de bonbons à la goyave. Allumez les bougies. Insérez le clou dans le bonbon de manière qu'il ne soit pas visible. Pendant que vous faites cela, répétez dans votre esprit : "Je suis une personne qui mérite ce travail, les guides spirituels protègent mon travail, mon argent et mes énergies". Le lendemain, vous retirez le clou de girofle et, sans le nettoyer, vous le mettez dans le sac en plastique, puis dans le sac jaune avec les trois feuilles de laurier. Vous devez placer ce sac dans le lieu où vous travaillez.

Rituel pour faire une excellente impression le premier jour de travail.

Vous avez besoin :

- 2 clous de 5 cm (neufs)

- 1 morceau de ruban violet

- 1 morceau de ruban blanc

- 1 bougie violette

- 1 bougie blanche

Il est plus efficace si vous le faites un mercredi à l'heure de la planète Mercure.

Vous devez écrire avec l'un des ongles le nom de l'entreprise où vous allez travailler sur la bougie violette, puis la laisser à côté. Puis vous écrivez votre nom sur la bougie blanche avec l'autre ongle. Prenez le clou avec lequel vous avez écrit sur la bougie violette et enterrez-le au milieu de la bougie, tout en faisant cela répète dans votre esprit "Lorsque ce clou atteindra le cœur de la bougie, mon aura enveloppera mes patrons et mes collègues de travail" (chauffez d'abord le clou pour faciliter cette opération). Enfoncez immédiatement l'autre clou dans la bougie blanche et répétez dans votre esprit "Mon ange gardien me protège et me guide vers le succès". Vous allumez les bougies et lorsqu'elles sont consumées, vous prenez les deux clous et les attachez avec les rubans. Vous devriez les garder dans votre bureau.

Recette magique pour augmenter la fortune dans les affaires.

Vous avez besoin :

- 1 rose de Jéricho (Anastatica hierochuntica).

- Eau fleurie

- Lavande verte

- Quartz citrine

- Quartz oeil de tigre

- Eau de la pleine lune

Placez les essences dans un récipient en verre avec l'eau de la pleine lune. Ensuite, placez le quartz et la rose de Jéricho. Vous devriez placer ce conteneur comme ornement dans votre entreprise ou votre bureau.

Sort pour l'abondance dans votre maison ou votre bureau.

Vous avez besoin :

- 7 récipients en faïence

- Miel d'abeille vierge

- Feuilles de menthe

Mélangez le miel et les feuilles de menthe, versez le contenu dans les pots en argile et distribuez-les dans votre maison ou votre bureau. Vous devez réaliser ce sort le premier jour du mois au moment de la planète Jupiter. Pour renforcer ce rituel, lorsque vous distribuez les récipients, répétez à haute voix : "J'adoucis ma vie, ma maison et mon bureau et j'invoque les quatre éléments pour qu'ils m'apportent succès et argent, ici et maintenant, en parfaite harmonie et pour le bien de tous".

Rituel pour vendre votre propriété rapidement.

Vous devez effectuer ce rituel un samedi à l'heure de la planète Saturne ou du Soleil.

Vous prenez quatre citrons et vous les placez aux quatre coins de la maison, c'est-à-dire aux points cardinaux. Puis vous prenez un œuf de pigeon et vous retournez la propriété. Puis tu ramasses les citrons et les jettes avec l'œuf dans une rivière. Vous préparez un encens, avec des coques d'ail et de la rue, le passez dans toute la maison tout en demandant que les énergies négatives et les mauvais regards qui ont entravé la vente de la maison soient neutralisés. Le lendemain, vous nettoyez la maison avec du miel et de la cannelle.

Sort efficace pour posséder une propriété ou une entreprise.

Vous avez besoin :

- 1 orange (fruit)

- 3 feuilles de papier vert

- Huile d'olive

- Sucre brun

- 1 plaque de céramique

- 1 clé

- 7 pièces utilisables

- 2 croix en bois (attachées avec un ruban vert)

- 7 brûleurs d'encens

- 7 pétales de rose blanche

- 1 bougie combinée rouge et jaune

- Herbes : rue, basilic, bois de santal, lavande, écorce d'orange et feuilles de laurier.

- 1 bougie combinée rouge et blanche

- 1 bougie jaune

- 1 pierre de pyrite

- 1 bougie à clé

Faites un trou dans l'orange de façon qu'une bougie puisse y passer. Inscrivez sur l'un des papiers verts le nom de la personne qui a la charge du bien ou du contrat commercial. Avec ce papier, vous entourerez la base de la bougie jaune et la placerez dans le trou que vous avez fait dans l'orange, puis vous l'entourerez des sept bâtons d'encens. Vous allumez la bougie et tout en la saupoudrant d'huile et de sucre, vous répétez dans votre esprit : "En vertu des pouvoirs que j'ai, j'exige que (nom de la personne) ne fasse affaire qu'avec moi, que toutes les mauvaises intentions restent éloignées de moi". Lorsque la bougie est consumée, vous la placez avec l'orange dans un sac et vous les jetez aussi loin que possible de votre maison. Ne recommencez pas le même chemin. Le lendemain, à la nuit, vous placez sur le plateau la clé, les herbes (rue, basilic, santal, lavande, écorce d'orange et laurier), les sept pièces de monnaie, les deux croix, les pétales de fleurs, la pyrite et un autre papier vert avec votre demande. À droite de la plaque, vous placez la bougie rouge et jaune, et à côté, le deuxième papier vert sur lequel vous écrirez l'adresse de la maison ou du commerce. A gauche, la bougie rouge et blanche. Vous allumez les bougies et répétez dans votre souffle ce que vous souhaitez voir se réaliser.

Ce rituel doit être répété trois jours de suite, en utilisant la même plaque de céramique. Après ces jours, vous prenez dans le plateau une pièce de monnaie, la pyrite, quelques herbes, la clé et une des croix, vous les mettez dans un sac rouge, que vous garderez comme amulette. Le reste des ingrédients est laissé dans le plateau et vous ajoutez le sucre. Le huitième jour, vous allumez la bougie-clé et placez à côté d'elle le dernier papier vert contenant votre souhait. Lorsque la bougie est consumée, vous placez les restes dans un papier blanc et vous les jetez dans un endroit où il y a des pierres, c'est-à-dire aux quatre coins.

Sort protégeant la source d'argent qui entre dans votre maison.

Il vous faut un petit bouton avec un couvercle, un ruban rouge, du miel et trois pièces de 10 cents. Mettez le miel dans le bocal et les trois pièces de 10 cents, fermez le bocal et nouez le ruban rouge à sept nœuds. Placez-la dans le coin de prospérité de votre maison.

Rituel pour que l'argent soit toujours présent dans votre foyer.

Il vous faut une bouteille en verre blanc, des haricots noirs, des haricots rouges, des graines de tournesol, des grains de maïs, des grains de blé et un encens de myrrhe.

Vous mettez tout dans la bouteille dans le même ordre, vous la fermez avec un couvercle en liège et vous versez la fumée de l'encens dans la bouteille. Vous le placez ensuite comme décoration dans votre cuisine.

Sort gitan pour la prospérité

.

Prenez un pot en faïence de taille moyenne et peignez-le en vert. Dans le fond, mettez de la myrrhe, une pièce de monnaie et quelques gouttes d'huile d'olive. Recouvrez-le d'une couche de terre et placez-y les graines de votre plante préférée. Ajoutez de la cannelle et plus de terre. Vous devez le garder dans la salle à manger de votre maison et l'arroser pour le faire pousser.

Fumigation magique pour améliorer votre économie domestique.

Vous devez allumer trois charbons dans un récipient en métal ou en argile et ajouter une cuillerée de cannelle, de romarin et de pelures de pommes séchées. Vous le faites passer autour de la maison dans le sens des aiguilles d'une montre. Placez ensuite des pétales de rose blanche dans un seau d'eau et laissez reposer pendant trois heures. Avec cette eau, vous nettoierez votre maison.

Essence miraculeuse pour attirer le travail.

Dans une bouteille en verre foncé, placez 32 gouttes d'alcool, 20 gouttes d'eau de rose, 10 gouttes d'eau de lavande et quelques feuilles de jasmin. Secouez-le plusieurs fois en pensant à ce que vous voulez attirer. Mettez-le dans un diffuseur, vous pouvez l'utiliser pour votre maison, votre entreprise ou comme parfum personnel.

Sort de lavage de mains pour attirer l'argent.

Vous avez besoin d'un petit pot en argile, de miel et d'eau de la pleine lune. Lavez vos mains avec ce liquide, mais gardez l'eau à l'intérieur du pot. Laissez ensuite le pot devant une entreprise prospère ou un casino de jeu.

Amulette pour rester millionnaire.

Placez sous le matelas de votre lit une pièce d'or enroulée avec un billet de grande valeur en triangle, puis nouez un ruban doré et ajoutez deux gouttes d'essence d'eucalyptus.

Sorts pour que votre partenaire vous donne de l'argent.

- 2 roses rouges

- 1 pièce d'argent

- 1 nouveau portefeuille

- 1 bougie d'or

Placez la pièce d'argent dans le portefeuille, saupoudrez avec la poudre d'or et d'argent. Allumez la bougie et placez-la à côté du sac à main avec les roses rouges. Ajoutez l'essence de patchouli à la bougie. Lorsque la bougie s'éteint, vous ramassez les restes avec les roses et les jetez dans la rivière. Gardez le portefeuille dans un endroit où personne ne le verra.

Sort pour attirer les clients et les ventes.

Vous avez besoin :

- 1 tasse en verre

- 1 nouveau compte-gouttes

- Eau de pluie

- 1 œillet rouge

Remplissez le verre aux trois quarts avec de l'eau. Ajoutez les gouttes de bois de santal et écrasez la tige de l'œillet avec vos mains. Placez la fleur à l'intérieur. La tasse et ces ingrédients seront placés en haut, quelque part dans votre entreprise.

Les Graines de la Prospérité.

Vous devez vous procurer du maïs, des haricots blancs, du riz, des lentilles, du blé, des haricots rouges et un pot en terre cuite. Tous ces grains réunis sont appelés "miniestra", ils doivent être crus. Vous les mettez dans le pot d'argile et faites semblant de vous laver les mains avec tous ces objets. Vous devez faire cela pendant une semaine. Ensuite, vous devez jeter la miniature dans une forêt ou un parc.

Bain de prospérité égyptien.

Il faut un tournesol ou des fleurs jaunes et du miel. Prenez un bain comme vous en avez l'habitude, puis enduisez votre corps de miel et frottez-le avec la fleur jaune de sorte que les pétales adhèrent à votre corps, en appelant vos guides spirituels à la réussite et à l'abondance. Répétez ce bain deux fois de plus, n'importe quel jour à l'heure du Soleil ou de la planète Jupiter.

Une recette puissante pour attirer l'argent.

Un jeudi, à l'heure de Jupiter, versez dans une bouteille en verre du miel, une cuillère à café de poudre d'or, de l'eau de Floride, une pierre d'aimant et un quartz blanc. Laissez reposer pendant trois jours, puis avant de vous baigner, étalez ce mélange sur votre poitrine, vos mains, votre abdomen et la plante de vos pieds, et répétez dans votre esprit : "Tous mes problèmes d'argent sont terminés aujourd'hui et avec l'aide de l'univers j'attire l'abondance, ainsi soit-il et ainsi soit-il". Rincez-vous après avoir appliqué le mélange sur les parties indiquées de votre corps. Si vous voulez augmenter votre prospérité, vous pouvez le répéter chaque jeudi ou dimanche. L'aimant et la pyrite doivent être placés dans votre portefeuille comme porte-bonheur.

Formule cubaine pour la prospérité.

Vous avez besoin :

- 1 grande bougie (qui devrait durer 7 jours).

- Poussière d'or

- Café en poudre

- Gros sel marin

- Lait en poudre

- Sucre brun

- 1 crayon

- 1 aiguille à coudre

Dessinez une étoile à cinq branches sur le dessus de la bougie avec l'aiguille et faites un trou dans chaque pointe avec le crayon. Dans les cinq trous, vous ajouterez une pincée de tous les ingrédients. Vous allez dédier cette bougie à Oshun, la déesse de l'amour et de l'argent. Allumez la bougie et laissez-là se consumer. Les restes de la bougie doivent être apportés à la rivière ou à la mer.

Des épis de blé pour l'abondance matérielle et la prospérité.

Vous avez besoin :

- 3 épis de blé

- 1 spray doré (utilisé pour l'ornementation)

- Lotion au bois de santal

Tu devrais mouiller les épis de blé avec l'eau de Cologne au santal. Vous les teindrez ensuite avec le spray doré et les placerez comme suit : un dans votre garde-manger, le deuxième sur le réfrigérateur et le dernier comme ornement dans n'importe quelle partie de votre entreprise. Lorsque vous les voyez flétris ou sales, jetez-les à la poubelle, enveloppés dans du plastique. Ne les brûlez jamais car vous attirez de mauvaises énergies.

Sort pour posséder la prospérité éternellement.

Dans un grand verre à vin transparent, vous verserez de l'eau de la pleine lune, puis vous insérerez un billet de 100 dollars et du persil. Tous les 5 jours, vous changerez l'eau et le persil s'il est flétri. Si vous décidez de dépenser le billet, il faut le consacrer à la nourriture, sinon vous vous exposez à la pauvreté.

Sort pour que Yemayá vous apporte l'Abondance économique.

Lorsque vous allez à la plage, prenez sept pièces de monnaie de n'importe quelle dénomination, placez-vous sur le rivage et jetez-les dans la mer en demandant à Yemayá, le propriétaire des mers et des richesses qui y sont cachées, de vous donner fortune et abondance. Lorsque vous partez, ne regardez pas en arrière.

Magie bouddhiste pour la prospérité.

Vous avez besoin :

- 1 nouveau bouddha doré

- 1 grosse pomme rouge

- 1 tranche de pain

- 1 bouteille de vin rouge

- 1 paquet d'encens

- 1 assiette dorée

Placez le bouddha à l'entrée de votre entreprise ou de votre maison, au-dessus de la plaque d'or. Lorsque vous recevez des visiteurs, demandez-leur de placer des pièces de monnaie ou de l'argent sur la plaque de Bouddha. Chaque premier jour du mois, vous placerez la bouteille de vin, le pain et la pomme sur le Bouddha. Vous allumerez un encens et cela doit rester ainsi pendant tout le mois. Avec l'argent collecté, le premier de chaque mois, achetez la pomme, le pain, l'encens et le vin.

Un sort bolivien pour augmenter les ventes.

Vous avez besoin :

- 1 œuf

- 1 petite pommade de peinture rouge

- 1 pinceau

Peignez l'œuf en rouge avec le pinceau, enterrez-le si possible une nuit de pleine lune. Lorsque vous l'enterrez, pensez à tous vos projets et à vos souhaits d'abondance. Chaque mois, au retour de la pleine lune, remplacez l'œuf par un nouveau peint en rouge et jetez l'ancien dans une forêt ou une rivière.

Le sort de la pomme et de l'œuf pour la prospérité.

Vous devez vous procurer une pomme rouge et faire bouillir un œuf et les manger le premier dimanche de chaque mois, de préférence à l'heure du Soleil, de Vénus ou de Jupiter. Si vous pouvez le faire à jeun, ce sera plus efficace.

La croix moutarde pour l'abondance financière.

Vous avez besoin :

-1 livre blanc

- Colle blanche

- Graines de moutarde

Vous dessinez une étoile à cinq branches sur le papier blanc avec la colle, à laquelle vous ajouterez la moutarde, qui doit coller au papier. Attendez qu'il sèche, puis placez le papier sous votre matelas, du côté où vous dormez. Vous changez le papier chaque mois à la phase de la lune croissante. Si vous pouvez le faire un jeudi au moment de Vénus, c'est le plus efficace. Le papier que vous jetez peut-être jeter à la poubelle. Vous pouvez également prendre un petit plat en terre cuite, le remplir de moutarde et le placer à l'entrée de votre entreprise. Vous devez le changer le premier jour de chaque mois.

Sort pour gagner aux jeux d'argent.

Vous avez besoin :

- 1 bougie verte

- 1 feuille de papier vert

Coupez la bougie en deux. La partie avec la mèche, étalez-y de l'huile de bois de santal. Écrivez sur le papier les numéros que vous avez joués, allumez la bougie et brûlez le papier. L'autre partie de la bougie, vous la transportez dans votre poche ou votre sac à main jusqu'à ce que vous connaissiez les résultats. Puis vous jetez la bougie à la poubelle.

Sort de protection de la maison.

Prenez 7 feuilles de rue mâle et 7 feuilles de basilic. Laissez-les dans un endroit sombre et sec pour qu'ils sèchent rapidement. Écrasez les herbes et placez-les dans un petit bocal en verre. Remplissez le bocal d'alcool ou de gin. Laissez macérer le mélange pendant deux jours. Diluez le mélange dans un seau de 10 à 15 litres d'eau. Effectuez un nettoyage en profondeur de votre maison avec ce mélange. Vous devriez effectuer cette purification un vendredi à l'heure de la planète Mars.

Bain pour ouvrir les voies et les opportunités de l'abondance.

Vous avez besoin :

 - Feuilles de la plante ouvreuse de chemin

- Feuilles de menthe poivrée

- Feuilles de goyave

- Brandy

- Eau de Floride

- Eau sacrée

- Bougie jaune

Faites bouillir l'ouvreuse, la goyave, la menthe et le basilic dans un quart de litre d'eau bénite. Laissez le mélange refroidir et passez-le au tamis. Ajoutez l'eau sacrée, l'eau-de-vie et l'Aguaflorida. Puis vous allumez la bougie au nom de vos guides spirituels à l'endroit où vous allez prendre votre bain. Après votre bain de routine, vous versez ce liquide des épaules vers le bas, sans vous sécher. Ce bain doit être pris le lundi à l'heure du Soleil ou de la planète Mercure.

Bain de persil pour l'abondance.

Prenez des feuilles de persil, de la menthe, de la cannelle et du miel. Placez les plantes dans un pot et laissez-les cuire pendant trois minutes, sans les faire bouillir. Ajouter le miel et la cannelle, puis filtrer. Prenez un bain comme vous en avez l'habitude, à la fin du bain, versez l'eau que vous avez préparée sur votre corps, du cou jusqu'en bas, tout en pensant positivement à attirer l'argent chez vous, et en vous imaginant vivre dans l'abondance.

Amulette d'argent faite maison.

Placez un petit aimant, une pincée de safran, trois bâtons de cannelle, cinq grains de riz et une pièce chinoise en or dans un sac en or ou en argent. Essayez de toujours porter ce sac sur vous et de le toucher de temps en temps.

Un sort romain pour payer les dettes.

Vous devriez obtenir une bougie jaune, une verte et une blanche. Sur chaque bougie, avec une aiguille à coudre, vous écrirez le nom des personnes ou des créanciers à qui vous devez de l'argent, du milieu vers le haut. Puis vous écrivez votre nom complet du milieu vers le bas. Placez les bougies en forme de pyramide et à côté vous placez un carré -*Vénus, où vous avez préalablement écrit au dos votre nom complet et vos souhaits. Vous allumez les bougies et visualisez vos dettes payées, en remerciant vos guides spirituels. Ce sort est plus efficace s'il est fait un vendredi à l'heure de la planète Vénus.

22	47	16	41	10	35	4
5	23	48	17	42	11	29
30	6	24	49	18	36	12
13	31	7	25	43	19	37
38	14	32	1	26	44	20
21	39	8	33	2	27	45
46	15	40	9	34	3	28

*Place de Vénus

Bain égyptien d'abondance.

Remplissez votre baignoire d'eau. Ajoutez du miel, du sucre brun, cinq pétales de tournesol, un aimant, un quartz citrin et deux quartz blancs. Vous devez tremper pendant 15 minutes. Lorsque vous sortez, sans vous sécher, placez le quartz, l'aimant et les pétales dans un sac doré. Vous l'utiliserez pendant sept jours comme amulette et le huitième jour, vous le jetterez dans une rivière.

Rituel hindou pour attirer l'argent.

Les jours parfaits pour ce rituel sont le jeudi ou le dimanche, à l'heure de la planète Vénus, Jupiter ou du Soleil.

Vous avez besoin :

- Huile essentielle de rue ou de basilic.

 - 1 pièce d'or

 - 1 nouveau sac à main ou portefeuille

 - 1 épi de blé

- 5 pyrites

Vous devez consacrer la pièce d'or en l'oignant d'huile de basilic ou de rue et en la dédiant à Jupiter. Pendant que vous l'oignez, répétez mentalement : "Je veux que tu satures cette pièce de ton énergie afin que l'abondance économique entre dans ma vie". Ensuite, tu mets de l'huile sur l'épi de blé et tu l'offres à Jupiter qui demande de la nourriture dans ta maison. Vous prenez la pièce avec les cinq pyrites et la placez dans la nouvelle boîte à pièces, que vous devez enterrer dans la partie avant gauche de votre maison. L'épi de maïs doit être conservé dans la cuisine de votre maison.

Argent et Abondance pour tous les membres de la famille.

Vous avez besoin :

- 4 bols en faïence

- 4 pentacles #7 de Jupiter (vous pouvez les imprimer)

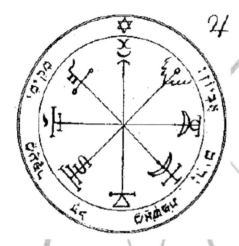

Pentacle #7 de Jupiter.

- Miel

- 4 citrines

Le vendredi à l'heure de Jupiter, vous écrivez les noms de toutes les personnes qui vivent dans votre maison au dos du pentacle de Jupiter 7. Ensuite, vous placez chaque feuille de papier dans les pots en argile avec les citrines et vous versez du miel dessus. Placez les pots aux quatre points cardinaux de votre maison. Laissez-les là pendant un mois. À la fin de cette période, vous jetez le miel et les pentacles, mais gardez les citrines dans votre salon.

Sort pour obtenir de l'argent pour les affaires.

Un mardi, à l'heure de la planète Vénus, vous placerez trois petits aimants dans un pot en argile avec de l'eau et du miel de la pleine lune. Exposez-les pendant 24 heures pour les charger de l'énergie du jour et de la nuit. Ensuite, séchez-les avec un chiffon jaune et mettez-les dans un sac vert. Lorsque vous avez besoin d'argent ou que vous allez lancer un projet, ouvrez le sac et saupoudrez les aimants de trois cuillères à soupe de poivre noir moulu. Puis répétez dans votre esprit : "Que la magie de ces aimants apporte prospérité et abondance à ma porte. Nord, Sud, Est et Ouest, forces des quatre vents et éléments, que l'argent abonde dans ma vie". Cette pochette doit être gardée près de vous, surtout lorsque vous effectuez des transactions financières ou commerciales.

Un sort pour accélérer le recouvrement de l'argent qui vous est dû.

Vous avez besoin :

- 1 œuf de poule

- 1 nouvelle fourche

- 1 bougie pyramidale jaune ou argentée

- 4 pétales de fleurs blanches

- 1 bougie rouge

- 1 petit bol en faïence

Écrasez les pétales de fleurs blanches autant que possible, puis mélangez-les avec le jaune d'œuf dans un bol en faïence. Placez la bougie jaune ou argentée allumée sur le côté gauche de ce mélange et la bougie rouge sur le côté droit. Répétez à haute voix : "Ange de mon gardien, j'invoque ta présence pour que tu me rendes l'argent que j'ai emprunté et dont j'ai besoin en ce moment". Mettez un peu du mélange sur vos mains et frottez-les ensemble, laissez sécher, ne les rincez pas. Si vous avez des documents ou des factures que vous voulez récupérer, touchez-les, vous pouvez aussi toucher de l'argent. Les restes peuvent être jetés à la poubelle une fois les bougies consommées.

Un sort pour éviter la faillite de l'entreprise.

Pour être plus efficace, vous devez lancer ce sort un vendredi ou un dimanche à l'heure du soleil, mais toujours le matin.

Vous devez creuser un trou dans votre jardin ou dans un pot de fleurs. Vous y jetterez des miettes de pain, pendant que vous effectuez cet acte, regardez le Soleil et répétez dans votre esprit : "Que l'énergie du Soleil me bénisse avec prospérité et que les vibrations de la Terre m'apportent toute sa générosité". Pendant sept semaines, vous arroserez la terre avec un demi-verre d'eau de la pleine lune et de cannelle, dans lequel vous aurez préalablement trempé plusieurs pièces d'or.

Sort pour que la famille ait toujours la prospérité économique.

Ce rituel doit être commencé le dimanche.

Vous avez besoin :

- Plusieurs billets de banque (peu importe s'ils ne sont plus en circulation).

- Plusieurs pièces

- 1 bougie verte

- 1 bougie jaune

- 1 morceau de tissu vert

Commencez par placer les billets de banque en forme de rectangle sur le tissu vert. Au milieu, vous placez les pièces en forme de pentacle. À gauche du pentacle, placez la bougie verte et à droite la bougie jaune. Allumez-les pendant une heure, après quoi vous les éteindrez du bout des doigts. Vous devez répéter ce processus pendant 3 jours. Le quatrième jour, vous jetez les restes des bougies. Enveloppez les pièces et les billets de banque dans le tissu vert que vous garderez dans la cuisine ou dans la salle à manger de votre maison.

Rituel de l'éclair pour apporter de l'argent à votre entreprise.

Il vous faut deux petits pots en terre cuite. Dans l'un d'eux, vous mettrez des graines de moutarde, de la cannelle, deux feuilles de rue et un quartz de malachite. Mettez celui-ci à l'entrée de votre entreprise. Chaque jeudi, ajoutez-y des gouttes de bois de santal. Dans l'autre bol, placez un quartz pyrite et une tourmaline noire, ajoutez du miel et deux feuilles de basilic. Placez ceci à l'arrière de votre magasin.

Rituel pour l'argent et l'élimination des dettes.

Vous avez besoin :

- 1 grande bouteille en verre avec un couvercle

- 1 bougie verte en forme de pyramide

- 1 bougie blanche

- 1 bougie noire

- 1 bougie brune

- Sel de mer

- Sucre brun

- Riz

- Feuilles de menthe

 - Feuilles de laurier

- Grains de maïs

- Basilic

- 1 billet de n'importe quelle valeur

- Pentacle # 1 de Jupiter.

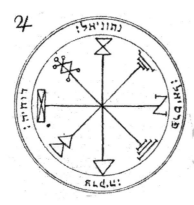

Pentacle # 1 de Jupiter.

- Stylo d'écriture vert

- Huile d'olive

Ce sort doit être lancé un vendredi, à l'heure de la planète Jupiter.

Vous devez consacrer les bougies avec l'huile d'olive. Ensuite, placez-les en forme de carré. Allumez-les. Prenez le stylo vert et écrivez derrière le pentacle de Jupiter : "Faites circuler vers moi l'argent, l'abondance aujourd'hui et toujours". Ensuite, vous la signez avec votre nom, votre lieu, votre date et votre heure de naissance et vous la placez au centre des bougies. Ensuite, vous commencez à remplir la bouteille en verre dans cet ordre : le sel de mer, puis une couche de sucre brun, les grains de riz, puis le billet roulé, puis les herbes. Vous placez la bouteille sans bouchon au centre du carré (au-dessus du pentacle de Jupiter) que vous avez fait avec les bougies. Laissez les bougies allumées, mais avant qu'elles ne s'éteignent, prenez la bougie verte, mettez le couvercle sur la bouteille et scellez-la en faisant couler de la cire verte dessus. Une fois les bougies éteintes, jetez les restes à la poubelle. La bouteille doit être enterrée dans votre jardin. Si vous n'avez pas cette possibilité, allez dans un parc et enterrez-le sous un arbre, s'il a des fleurs, c'est mieux.

Sort de prospérité avec du sucre, des pièces de monnaie et des pentacles du soleil.

Ce sort doit être lancé un dimanche à l'heure du Soleil ou de la planète Vénus.

Sur le deuxième pentacle du Soleil, vous écrirez au dos vos souhaits de prospérité financière. Au sommet du quatrième pentacle du Soleil, vous placerez quatre pièces de monnaie ordinaires. Allumez une bougie verte et déposez la cire sur ces pièces.

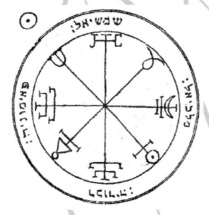

Second Pentacle du Soleil.

Quatrième Pentacle du Soleil.

Vous laissez la bougie se consumer au milieu des pentacles. Trouvez ensuite une enveloppe dorée et placez-y les pentacles, les pièces, les résidus de bougie et le sucre brun. Enterrez l'enveloppe sous un arbre ou dans votre jardin en répétant : "Tout ce que je demande est multiplié".

Un sort pour éloigner les dettes d'affaires.

Dans un récipient en verre carré, vous collerez un petit miroir (comme ceux que nous, les femmes, utilisons pour nous maquiller) de chaque côté. À l'intérieur du bol, placez de la terre, du sel de mer, du café moulu, un billet roulé attaché avec un ruban doré, cinq pièces de monnaie, deux quartz citrins et du sucre brun. Vous allumez la bougie dorée et scellez tout le bord du couvercle avec la cire. Vous placez ce bocal près de la caisse enregistreuse si vous avez un commerce.

Sort avec du sucre et une plante fleurie.

Vous avez besoin :

- 1 plante fleurie

- 1 bougie jaune

- 1 pièce

- 2 litres d'eau sacrée ou d'eau de la pleine lune

- Sucre blanc

- Nouvelle aiguille à coudre

- 1 quartz citrins

Vous devez écrire ce qui suit sur la bougie jaune avec l'aiguille : "L'argent vient à moi". Puis allumez la bougie. Mettez l'eau sacrée dans un bol et ajoutez le sucre, remuez la préparation. Mettez la pièce et la citrine dans le récipient et laissez-le à côté de la bougie jusqu'à ce que celle-ci soit consumée et éteinte. Vous utiliserez l'eau pour arroser la plante que vous avez choisie, pour obtenir de l'argent rapidement. Enterrez la pièce, la citrine et les restes de la bougie à côté de la plante. Pendant que vous faites cela, répétez dans votre esprit : "L'argent vient à moi".

Un sort pour chasser la pauvreté.

Vous avez besoin :

- 1 gros citron

- Sucre blanc

- 1 bougie verte

- 1 récipient en verre à large ouverture

- 1 nouvelle aiguille à coudre

Vous devez écrire les mots suivants sur la bougie avec une aiguille : "J'ai beaucoup d'argent" et votre nom complet. Puis allumez la bougie. Prenez le citron et coupez-le en deux, il doit se séparer en deux moitiés mais rester attaché par une petite partie. Placez le citron dans un bol et saupoudrez le sucre par-dessus. Pendant ce processus, répétez à haute voix : "J'ai beaucoup d'argent". Le citron doit rester dans le bol jusqu'à ce que la bougie soit consommée. Prenez ensuite le bocal et placez-y le citron, le sucre et les restes de la bougie. Ce bocal devrait rester dans votre cuisine.

Sort irlandais pour gagner de l'argent.

Vous avez besoin :

-5 bougies vertes

-1 bougie rouge

-1 bougie de couleur dorée

- 1 bougie correspondant à la couleur de votre signe du zodiaque

- 1 bâton d'encens au bois de santal

Vous devez consacrer les bougies avant de commencer le rituel avec de l'huile d'olive ou de l'huile de basilic. Vous allumez l'encens pour accélérer votre concentration et votre pouvoir, puis vous allumez la bougie de votre signe et répétez dans votre esprit : "Cette bougie me représente et sera mon messager". Puis vous allumez la bougie dorée et récitez : "Cette bougie représente tout l'argent qui entrera dans ma vie". Vous allumez les bougies vertes en répétant : "Ces bougies représentent l'abondance que je désire". Vous allumez la bougie rouge et répétez : "Cette bougie représente le pouvoir et la force divins pour attirer l'argent à moi". Les restes des bougies peuvent être jetés à la poubelle.

Couleurs des bougies en fonction du signe du zodiaque.

Bélier : Blanc (20 mars - 19 avril)

Taureau : Rouge (20 avril - 20 mai)

Gémeaux : Bleu (21 mai - 21 juin)

Cancer : Vert (22 juin - 22 juillet)

Lion : Doré (23 juillet - 22 août)

Vierge : rose (23 août - 22 septembre)

Balance : Jaune (23 septembre - 22 octobre)

Scorpion : Orange (23 octobre - 21 novembre)

Sagittaire : Argent (22 nov. - 21 décembre)

Capricorne : Noir (22 décembre - 19 janvier)

Verseau : Violet (Jan. 20 - Fév. 19)

Poissons : brun (20 février- 20 mars)

Sort pour recevoir de l'argent avec des bougies.

Vous avez besoin :

- 1 bougie verte

- 1 bougie jaune

- Huile de tournesol

- 1 photo en pied de vous-même

- 2 pièces

Vous oignez les bougies avec l'huile de tournesol et, ce faisant, vous vous concentrez sur votre objectif et visualisez la prospérité qui entrera dans votre vie. Avec un peu de cire d'une des bougies, collez les pièces à la base des bougies. Placez votre photo au milieu des deux bougies. Pendant que vous effectuez ce processus, vous répétez mentalement : "L'univers est abondant et la prospérité vient à moi sans nuire à personne, qu'il en soit ainsi. Merci. Lorsque les bougies se consument, vous conservez les restes de cire, les pièces de monnaie et votre photo dans un endroit privé.

Le sort de multiplication de l'argent.

Vous avez besoin :

- 1 billet de n'importe quelle valeur

- 1 enveloppe argentée ou dorée

- 1 crayon, stylo ou encre verte.

Ce sort doit être lancé un jeudi, si possible à l'heure du Soleil, de la planète Jupiter ou de Mars.

Sur la note, vous écrirez en vert votre nom complet, votre date et votre lieu de naissance sur un côté. De l'autre côté, vous écrivez : "La prospérité et l'abondance sont présentes dans ma vie". Placez la note à l'intérieur de l'enveloppe et fermez-la. Pliez l'enveloppe en deux et placez-la sous votre lit, au niveau de votre tête. Il doit y rester pendant 10 jours. Après cette période, vous devez dépenser la note.

Sort d'argent Wiccan.

Ce sort est plus efficace pendant les solstices.

Vous devez vous procurer un ruban de couleur or d'environ quarante centimètres de long. Tu prends le ruban par un bout et tu fais neuf nœuds dessus. Au fur et à mesure que vous faites chaque nœud, vous devez répéter à haute voix les phrases suivantes : "Je commence mon sort par le nœud n° 1. Avec le nœud n°2, mon travail aura de la valeur. Avec le nœud n°3, l'argent vient à moi. Avec le nœud n°4, l'abondance frappe à ma porte. Avec le nœud n°5, mon économie progresse. Avec le nœud n°6, ce sort a fonctionné. Avec le nœud n°7, je reçois le succès dans ce que je demande. Avec le nœud n°8, la fortune me sourit. Avec le nœud n°9, tout ce que j'ai demandé est réalisé". La cassette doit être conservée avec vous ou dans un endroit où vous pouvez la voir tous les jours.

Le sort africain d'abondance.

Vous avez besoin :

- 1 Œuf

- 1 feuille de papier jaune

- 1 plume

- Eau sacrée

Faites un petit trou dans l'œuf et égouttez tout le blanc et le jaune d'œuf. Nettoyez l'intérieur et l'extérieur de l'œuf avec de l'eau bénite. Ensuite, prenez le petit morceau de papier et écrivez la somme d'argent que vous souhaitez recevoir. Placez le papier à l'intérieur de l'œuf. Vous pouvez décorer l'extérieur avec le symbole de l'argent. Enterrez l'œuf dans votre jardin ou dans un pot de fleurs. En faisant cela, vous dites : "Sur cette terre, tout mon argent se multiplie et grandit".

Rituel pour obtenir de l'argent en trois jours.

Procurez-vous cinq bâtons de cannelle, une écorce d'orange séchée, un litre d'eau de la pleine lune et une bougie en argent. Faites bouillir la cannelle et le zeste d'orange dans l'eau de la Lune. Quand il refroidit, mettez-le dans un flacon pulvérisateur. Allumez la bougie dans la partie nord du salon de votre maison et vaporisez le liquide dans toutes les pièces. Pendant que vous le faites, répétez dans votre esprit : "Les guides spirituels protègent ma maison et me permettent de recevoir l'argent dont j'ai besoin immédiatement. Lorsque vous avez terminé, laissez la bougie allumée.

L'argent avec un éléphant blanc

Achetez un éléphant blanc dont la trompe est tournée vers le haut. Placez-la face à l'intérieur de votre maison ou de votre entreprise, jamais face aux portes. Le premier jour de chaque mois, placez un billet de banque de la plus petite valeur dans la trompe de l'éléphant, pliez-le en deux dans le sens de la longueur et répétez : "Qu'il soit doublé par 100" ; puis pliez-le à nouveau dans le sens de la largeur et répétez : "Qu'il soit multiplié par mille". Dépliez la note et laissez-la dans la trompe de l'éléphant jusqu'au mois suivant. Répétez le rituel, en changeant le billet.

Rituel pour gagner à la loterie.

Vous avez besoin :

- 2 bougies vertes

- 12 pièces. (Représentant les douze mois de l'année)

- 1 mandarine

- Bâton de cannelle

- Pétales de 2 roses rouges

1 bocal en verre à large ouverture avec couvercle

-1 vieux billet de loterie

- Eau de la pleine lune

Placez la mandarine dans le bocal, autour d'elle le billet de loterie, les pièces de monnaie, les pétales et la cannelle, couvrez-le avec l'eau de la pleine lune et mettez le couvercle. Placez la bougie sur le couvercle du bocal et allumez-la. Le jour suivant, vous remplacerez la bougie par une nouvelle et le troisième jour, vous découvrirez le récipient, jetterez tout sauf les pièces de monnaie, qui serviront d'amulette. Gardez-en un dans votre portefeuille et laissez les onze autres à la maison. À la fin de l'année, vous devez dépenser les pièces.

Rituel panaméen pour améliorer les finances.

Vous avez besoin :

- 12 pièces

- Huile de mandarine

- 12 bougies dorées en forme de pyramide

- 1 assiette blanche

- 12 citrines

- Sac en argent

Placez la bougie allumée au centre de l'assiette et les 12 pièces de monnaie autour d'elle en formant un cercle. Placez les citrines à côté des pièces. Répandez quelques gouttes d'huile de mandarine autour d'eux. Gardez une bougie dorée allumée pendant 12 jours. Après cette période, vous jetez les restes des bougies. Placez les citrines et les pièces dans le sac en argent et placez-le sous votre matelas, à la tête de votre lit.

Rituel pour attirer la prospérité dans votre vie.

Vous avez besoin :

- Riz blanc

- Lentilles

-12 raisins

- Pétales d'une rose rouge

- 12 pièces

- Huile de mandarine

- Huile de noix de coco

- Huile d'amande

- 1 bougie blanche

- 1 bougie verte

- 1 bougie rouge

- 1 bougie jaune

- 1 grande assiette

- 3 petites assiettes

- 1 tasse

- Carré du soleil

6	32	3	34	35	1
7	11	27	28	8	30
19	14	16	15	23	24
18	20	22	21	17	13
25	29	10	9	26	12
36	5	33	4	2	31

Carré du Soleil.

Ce rituel est plus efficace si vous le réalisez un dimanche à l'heure du Soleil. Vous devriez écrire au dos du carré solaire vos souhaits de prospérité.

Dans la partie nord de votre maison, vous devez placer la grande assiette avec les bougies allumées et autour d'elle, en demi-cercle, les trois petites assiettes. Dans l'une des assiettes, placez le riz, les lentilles et les raisins. Sur l'autre les pétales de roses rouges et sur le dernier les pièces de monnaie. Sous la tasse, vous placez le carré du Soleil. Dans la tasse, vous mélangez les huiles et en saupoudrez quelques gouttes sur chacune des petites assiettes. Vous devez effectuer ce sort tous les trois mois.

Rituel de l'argent de la bougie noire.

Ce rituel est plus efficace si vous l'effectuez un samedi au moment de la planète Vénus.

Prends deux bougies noires. Avec une nouvelle aiguille à coudre, vous gravez sur l'une des bougies les mots : abondance, argent et prospérité. Vous placez la bougie sur laquelle il n'y a rien d'écrit au-dessus du carré de Saturne. Puis vous allumez les deux bougies en répétant dans votre esprit : "Que l'argent soit une constante dans ma vie, qu'il ne manque jamais et qu'il coule toujours vers moi". Une fois les bougies consumées, vous enterrez les restes avec le carré dans un coin de votre cour ou dans un parc sous un arbre.

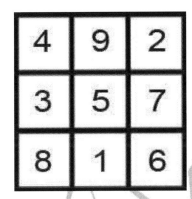

4	9	2
3	5	7
8	1	6

Carré de Saturne.

Rituel pour avoir toujours de l'argent liquide dans son portefeuille.

Vous avez besoin :

- 1 gobelet en cristal

- 15 pièces

- 1 billet de banque

- 1 bougie d'or

- 1 nouvelle aiguille à coudre

- 3 quartz améthyste

Vous devez effectuer ce rituel un vendredi à l'heure de la planète Vénus ou du Soleil.

Placez les pièces, les améthystes et le billet plié en quatre dans la tasse. Vous écrivez avec l'aiguille sur la bougie le symbole de l'argent ($$). Allumez la bougie et répétez dans votre esprit : "L'abondance m'entoure et je réclame ma part de ce que je reçois dans cet univers d'abondance". Vous prenez la note et la cachez dans votre portefeuille. La tasse avec les pièces et les améthystes doit être placée à gauche de votre porte d'entrée.

Sort d'argent express.

Ce sort est plus efficace si vous le faites un jeudi.

Vous allez remplir un bol en verre avec du riz. Vous allumez ensuite une bougie verte (que vous avez préalablement consacrée) et la placez au centre du bol. Vous allumez l'encens à la cannelle et entourez le bol de sa fumée six fois dans le sens des aiguilles d'une montre. Pendant que vous faites cela, répétez mentalement : "J'ouvre mon esprit et mon cœur à la richesse. L'abondance vient à moi, maintenant et tout va bien. L'univers rayonne de richesse dans ma vie, maintenant". Les restes peuvent être jetés à la poubelle.

Potion de prospérité.

 Dans une casserole, mettez sept bâtons de cannelle, sept feuilles de basilic, de la camomille, des clous de girofle et de l'eau de la pleine lune. Faites bouillir le tout pendant 10 minutes, quand il atteint le point d'ébullition, retirez-le du feu et couvrez-le pour qu'il refroidisse. Tous les jours à 19h, vous boirez une tasse de cette préparation à laquelle vous ajouterez du miel à votre convenance. En le buvant, répétez dans votre esprit : "Ma richesse est déjà en moi. J'attire l'argent et les opportunités merveilleuses en abondance. La richesse fait partie de mon existence.

Rituel pour gagner de l'argent dans les casinos.

Vous devez vous procurer une bougie verte, une bougie jaune, un éléphant blanc (figurine), une feuille de papier jaune et un stylo à encre dorée. Vous écrivez sur le morceau de papier le nom du casino. Roulez le papier et mettez-le dans la trompe de l'éléphant. Placez la bougie verte sur le côté droit de l'éléphant et la bougie jaune sur le côté gauche, puis allumez-les. Ce rituel est le plus efficace un jeudi à l'heure de la planète Jupiter ou du Soleil.

Rituel pour l'argent avec Santa Muerte

Vous avez besoin :

- 1 image de la Santa Muerte dorée

- 7 pièces communes

- 1 aimant

- 1 assiette blanche

- 1 sac rouge

- 1 ruban doré

- 1 bougie d'or

- 1 nouvelle aiguille à coudre

Écrivez treize fois le mot prospérité avec l'aiguille sur la bougie d'or. Placez cette bougie devant la figurine, que vous avez préalablement placée sur l'assiette blanche avec l'aimant et les pièces de monnaie. Allumez la bougie et dites cette prière à Santa Muerte : "Chère Mort de mon cœur, ne me laisse pas sans ta protection, ni le jour ni la nuit, ma Dame, je te demande de débloquer mes chemins vers le succès et la fortune, afin que par cette flamme sacrée toutes mes prières arrivent jusqu'à toi. Merci, madame, de m'avoir écouté". Lorsque la bougie s'éteint, mets l'aimant et les pièces dans le sac rouge, attache-le avec le ruban doré. Vous devez le porter sur vous pendant treize jours. Puis l'emmener dans un cimetière et le laisser là.

Rituel pour la nouvelle année par éléments des signes du zodiaque.

SIGNES D'INCENDIE : BÉLIER, LION ET SAGITTAIRE

Vous avez besoin :

- 1 pyramide : (la forme géométrique sacrée pour donner du pouvoir à votre requête).

- 1 pyrite (pour attirer tout ce qui est positif dans notre vie).

- 1 Quartz œil de tigre (pour que tout arrive et vous protège de l'incertitude).

- 2 quartz citrine (pour l'abondance dans tous les sens).

- 1 Palo Santo

- 1 bougie rouge

Vous écrivez sur une feuille de papier vos souhaits pour la nouvelle année, portant généralement sur l'abondance, l'argent et le succès. Placez cette feuille de papier pliée en 7 sous la pyramide, placez la pyrite, l'œil de tigre et les citrines sur les quatre côtés de la base de la pyramide. Allumez le Palo Santo et laissez la fumée envelopper la pyramide, en sept mouvements circulaires dans le sens des aiguilles d'une montre, en visualisant dans votre esprit vos souhaits réalisés. Allumez la bougie et laissez-là se consumer. Chaque mois, pendant la nouvelle lune, allumez une bougie, vous réactivez votre rituel. Vous devriez faire ce rituel dans le salon de votre maison qui est associé à l'élément du feu. C'est là que vous devez garder votre pyramide et votre quartz qui serviront de protection à votre maison.

SIGNES DE TERRE : TAUREAU, VIERGE ET CAPRICORNE.

Vous avez besoin :

- 1 petite bouteille bouchée

- 7 gousses d'ail

- 7 feuilles de laurier

- 1 quartz blanc (amplifiera vos désirs)

- 1 quartz malachite (servira de protection)

- 1 quartz rose (apportera des vibrations d'amour)

Écrivez vos souhaits pour la nouvelle année sur une feuille de papier, pliez-la en sept parties et mettez-la dans la bouteille, ajoutez les sept gousses d'ail, les sept feuilles de laurier et le quartz. Vous enterrez cette bouteille dans un pot avec de la terre et chaque mois, à la nouvelle lune, vous y mettez de l'eau avec de la cannelle. Il est étonnant de voir comment la nature peut apporter non seulement la santé, mais aussi la protection et le succès. Vous devriez faire ce rituel dans la salle à manger de votre maison qui est associée à l'élément terre et y garder le pot, il vous protégera et travaillera pour réaliser vos désirs.

SIGNES D'AIR : GÉMEAUX, BALANCE ET VERSEAU.

Vous avez besoin :

- 1 bougie bleue

- 1 quartz lapis-lazuli (vous apportera une paix profonde).

- 1 tourmaline noire (sert de protection).

- 1 quartz fumé (élève l'énergie)

- sachet bleu

Écrivez vos souhaits pour l'année à venir sur une feuille de papier, pliez-la en neuf parties et placez-la dans le sac bleu avec le quartz. Vous allumez la bougie bleue symbolisant le pouvoir et la joie pour renforcer ce rituel puissant à côté de votre sac bleu. Vous devriez le faire dans la partie sud-ouest de votre maison. Chaque mois, à la nouvelle lune, vous allumerez une bougie bleue à côté de votre sac bleu. Le reste du temps, vous le garderez avec vous car il vous servira également d'amulette.

SIGNES D'EAU : CANCER, SCORPION ET POISSONS

- 1 quartz améthyste (augmente la confiance en soi).

- 1 onyx (protection)

- 1 sélénite (permet de se connecter avec ses guides spirituels)

- Sel de mer

- Bougie verte

- Boîte verte

- 7 feuilles de la rue

- Riz

- Petit miroir

Écrivez vos souhaits d'amour, de santé et d'argent pour l'année à venir sur un morceau de papier, placez-le dans la boîte verte, placez les feuilles de rue par-dessus, puis le riz et le sel marin, et enfin le quartz et le sélénite. Fermez la boîte et placez-la au-dessus du miroir. Allumez la bougie verte. Vous devez effectuer ce rituel dans la partie nord de votre maison, où vous garderez également la petite boîte, qui servira d'amulette pour votre maison.

Sorts avec le carré Sator pour l'abondance.

Vous avez besoin :

- 1 feuille de papier vierge.

- 1 stylo à encre rouge

- Huile essentielle de romarin

Vous devez dessiner un cercle magique. Si vous n'avez pas de baguette magique, il suffit de la tracer avec votre index autour de vous dans le sens des aiguilles d'une montre, pour commencer le rituel dans un environnement protégé. Sur la feuille, écrivez les mots suivants, dans cet ordre :

SATOR

AREPO

TENET

OPERA

ROTAS

Si tu veux, tu peux faire un carré comme dans l'exemple :

Lorsque vous avez écrit les mots, écrivez au dos de la feuille tous vos souhaits concernant la prospérité économique. Enduisez le bord du papier avec l'huile essentielle de romarin. Lorsque vous avez terminé, fermez le cercle dans le sens inverse des aiguilles d'une montre autour de vous. Vous devez accrocher le carré SATOR au-dessus de la porte d'entrée de la maison. Si vous constatez que le temps passe et que vos demandes n'ont pas été satisfaites, vous devez réactiver la demande. Répétez le rituel, c'est-à-dire faites un nouveau carré et réécrivez les demandes ainsi que vos nom et prénom. N'oubliez pas d'être très précis dans vos demandes. Retournez ensuite le carré à l'envers et placez un verre d'eau dessus. Dans le verre, vous mettez trois gousses d'ail. Si les ails flottent, c'est un signe qu'ils sont sains, si un ou tous les ails coulent, cela signifie que l'ail n'est pas bon et que vous devez le remplacer. Vous placez vos mains autour du verre et dites ce qui suit :

"LE SEMEUR TIENT LES ROUES AVEC DEXTÉRITÉ, LE SEMEUR PREND LA CHARRUE AVEC SOIN, LE SEMEUR DIRIGE LA ROUE AVEC DEXTÉRITÉ". Merci aux guides spirituels qui sont avec moi. Dessinez le symbole du pentacle sur le verre, vous pouvez dessiner le symbole de l'infini si vous le souhaitez, n'importe quel symbole par lequel vous vous sentez protégé ou qui est votre symbole de pouvoir, avec ceci vous scellez le sort. Le verre avec l'ail vous le laissez reposer, l'idée est que vous observez le temps qu'il met à germer, cela vous indiquera le temps dans lequel votre demande sera efficace, ils doivent germer tous les trois. Si cela se produit en trois jours, c'est le signe que votre demande sera accordée très rapidement ; si, au contraire, une semaine s'écoule et qu'ils ne germent pas, c'est le signe que quelque chose ne va pas dans votre demande et que vous devez recommencer le processus avec un nouvel ail. Dans ce cas, vous jetez l'eau et l'ail et répétez le sort. Une fois qu'ils ont germé, vous devez les transplanter dans un pot avec un sol fertile.

La Tirelire.

Vous avez besoin :

- Une boîte de taille moyenne (elle doit être en bois, avec le moins de métal possible).

- Deux morceaux de papier ou de carton de la même taille que le fond et le dessus de la boîte (ces morceaux de papier seront collés à l'intérieur de la boîte, sur le fond et sur la couverture arrière, de manière qu'ils soient opposés l'un à l'autre lorsque la boîte est fermée, un sur le fond et un sur le dessus).

- Crayon graphite

- Bâton de colle

- 1 petite feuille de papier pour écrire les pétitions

- 1 petit miroir

Sur les deux morceaux de papier ou de carton, dessinez les trois symboles Reiki niveau II *(CKR, HSZSN, SHK, DKM) côte à côte ou en triangle sur un seul côté, en essayant de couvrir la plus grande surface possible du papier. Vous pouvez placer les noms avec les dessins des symboles. Collez le miroir au fond de la boîte. Collez l'un de ces papiers au fond de la boîte, avec les symboles dessinés vers le haut (pour qu'on puisse les voir). Essayez de faire en sorte que le papier, avec les symboles dessinés dessus, couvre tout le fond. Collez l'autre papier sur la couverture arrière, avec les symboles visibles, de sorte que lorsque la boîte est fermée, les deux séries de symboles soient visibles l'une de l'autre. Activez les symboles en les symbolisant et donnez du Reiki à la boîte.

*Symbole. (Comment les dessiner) :

Cho Ku Rei

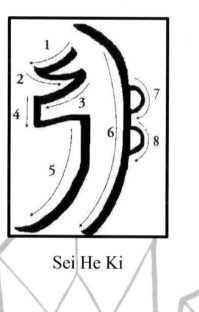

Sei He Ki

Hon Sha Ze Sho Nen

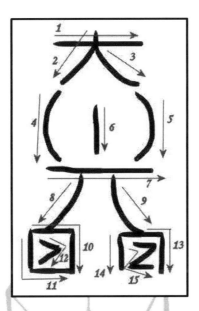

Dai Ko Mio Traditionnel

Il n'y a pas de manière parfaite de dessiner les symboles, et leur efficacité ne dépend pas de la façon dont vous les dessinez, tout dépend de la connexion que vous établissez lorsque vous les dessinez. Les symboles peuvent être activés de plusieurs façons. Vous pouvez les activer en les dessinant avec votre main, en les visualisant, ou en vocalisant leur nom, silencieusement ou à voix haute. L'important n'est pas la méthode que vous choisissez, mais votre intention lorsque vous les canalisez.

A l'intérieur de la boîte vous mettrez toutes vos demandes. Essayez d'écrire toutes vos demandes sur des feuilles de papier individuelles. Quand vous le souhaitez, vous pouvez sortir n'importe quel morceau de papier et le jeter. Vous pouvez mettre autant de demandes que vous pouvez faire entrer dans la boîte. Ne laissez personne voir l'intérieur de la boîte (en particulier les symboles).

Lorsque vous voyez la boîte, envoyez-lui intentionnellement des rayons d'énergies Reiki pour la charger et vitaliser les énergies de toutes les demandes qu'elle contient.

Sigil Magico.

C'est notamment l'une des disciplines les plus efficaces et les plus économiques de la magie. Elle peut être pratiquée sans rituels compliqués. En raison de leur simplicité, ils sont faciles à apprendre. Un sigil est un symbole utilisé en magie. Le terme fait généralement référence à un type de signature graphique. Le mot sigil signifie signe ou sceau.

Comment faire un sigle

Vous aurez besoin :

- Papier

- Crayon

- Définissez votre objectif pour le Sigil

La première étape consiste à décider de l'intention de votre sigil. C'est l'étape la plus importante. Votre intention doit être très claire. Vous allez transformer ce concept en une phrase, alors assurez-vous d'être précis dans ce que vous écrivez. La phrase doit être courte et écrite au présent, c'est-à-dire que vous devez penser comme si vous aviez déjà ce que vous voulez.

Par exemple : -J'ai beaucoup d'argent- au lieu de -J'aurai beaucoup d'argent-.

L'écriture peut faire la différence. -J'ai le métier de mes rêves- donnera des résultats différents de -Je suis journaliste à Telemundo-. Aucune n'est meilleure ou pire que l'autre, mais assurez-vous d'écrire textuellement ce que vous essayez d'obtenir avec cette phrase.

Évitez les mots négatifs comme "je n'ai pas", "je n'aurai pas", "je ne serai pas", etc.

 -Je ne fume pas- peut très facilement conduire au résultat -Je fume- à la place. Pour éviter cela, pensez toujours de manière positive. Pour définir cela de manière positive, vous pouvez écrire : -Je renonce facilement à mes vices-.

Exemple :

A titre d'exemple, nous utiliserons la phrase -J'AI BEAUCOUP D'ARGENT-.

Vous écrivez votre souhait en lettres capitales. Vous effacez les lettres répétées de sorte que chaque lettre n'apparaisse qu'une seule fois (c'est un symbole que vous pouvez utiliser chaque fois que vous êtes confronté à un manque d'argent).

Ces lettres seront les symboles de base de votre sigil.

T E N G O M M U C H O D D I N E R O

TENGOMUCHDIR - Le sigil sera tracé avec ces lettres.

Maintenant, commencez à assembler les lettres. Au début, vous verrez probablement cela bizarrement et cela ne ressemblera pas à un symbole, continuez à déplacer les lettres. Cette partie demande de la patience, la clé est de jouer beaucoup avec eux. Si vous n'aimez pas l'aspect d'une lettre particulière, vous pouvez la diviser en plusieurs parties. Par exemple, un B devient une ligne et deux demi-cercles qui peuvent être utilisés séparément dans le dessin.

Le plus important n'est pas de savoir à quoi cela ressemble, mais que cela vous plaise. Peu importe qu'il s'agisse d'un simple tas de lettres ou qu'il ressemble aux lettres originales. Si vous êtes satisfait du résultat, c'est parfait.

Une fois que vous avez organisé toutes les lettres, prenez votre temps pour les styliser et leur donner une symétrie. L'important est qu'au final, le sigil soit aussi simple que possible. La qualité artistique n'est pas importante, mais pour des raisons évidentes, il n'est pas non plus utile de dessiner des absurdités. Le résultat final doit être dessiné sur une feuille de papier. L'idée est que le sigil et sa signification seront transplantés dans votre subconscient, puis que vous l'oublierez afin que votre conscience ne bloque pas le processus d'activation de l'inconscient.

Le sigil doit être créé par vous. Les sigils que nous créons peuvent sembler un peu étranges mais tout cela est très utile car le subconscient les considérera comme quelque chose d'inhabituel et les analysera donc à la place d'une image habituelle. La chose hypothétiquement significative est que toutes les lettres sont à l'intérieur du sigil. N'oubliez pas que la même ligne peut être utilisée pour dessiner différentes lettres. Le temps qu'il faille à un sigil pour se manifester est imprévisible. Parfois, le succès est immédiat, parfois il peut prendre plus de temps.

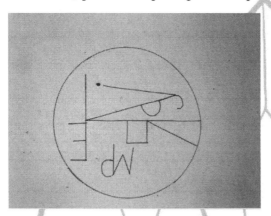

Exemple du Sigil J'ai beaucoup d'argent.

Activez votre sigil.

Quand vous tirez votre sigil, vous devez l'activer. Vous devez faire cela avec le sigil chaque fois que vous le dessinez à nouveau, même s'il s'agit du même symbole avec la même intention.

La méthode d'activation est simple, mais elle demande de la pratique. Fixez votre sigil, laissez vos yeux s'habituer au symbole, et méditez sur la phrase de votre sigil. Au fur et à mesure que vos yeux se détendent, ils commencent à déformer le sigil, vous le verrez comme s'il était défiguré.

Lorsque vous le reverrez dans sa forme originale et qu'il ne bougera pas, il sera activé. Vous pouvez également le placer dans un endroit comme votre autel avec un quartz de prospérité comme une Citrine, une Pyrite ou une Malachite. (Il y a beaucoup de gens qui utilisent d'autres sources d'énergie pour les charger, par exemple en enterrant le symbole, en lc brûlant ct cn libérant les morceaux dans le vent, par la magie sexuelle, etc.)

Une fois que les sigils ont atteint leur but, ils doivent être brûlés.

Il m'est arrivé de brûler les miens avant que ma demande ne soit finalisée, dans l'intention d'envoyer mes souhaits dans l'univers. Je visualise, pendant que le papier brûle, toute l'énergie du sigil s'accomplissant dans ma vie, j'imagine les résultats et je vois mon symbole libéré pour agir dans l'infini.

Les Pyramides et l'argent

Pendant des siècles, les grandes civilisations de l'Antiquité ont érigé leurs temples sous la forme de pyramides. Ils permettaient de canaliser l'énergie du cosmos et des êtres supérieurs. Les pyramides ont été inventées pour découvrir les mystères de la vie éternelle. Les pyramides attirent l'énergie, la prospérité, éloignent les mauvaises vibrations et les esprits sombres, guérissent le corps et l'âme. Le champ énergétique formé par les pyramides peut agir comme un vortex d'énergies Alpha et Oméga, facilitant la communication avec d'autres dimensions et les guides spirituels.

Rituel avec une pyramide blanche pour l'argent.

Il vous faut une pyramide blanche, le matériau n'a pas d'importance, mais si elle est en quartz blanc, elle est plus efficace. Écrivez votre nom et votre prénom sur une feuille de papier jaune et ce que vous voulez en matière de prospérité économique. Placez-la sous la pyramide. Entourez-le de quatre pierres de citrine. Allumez une bougie dorée. Chaque jeudi, vous pouvez répéter ce rituel.

Rituel avec des pyramides pour éliminer les dettes impayées.

Vous avez besoin :

- Sahumerios de rue, cannelle et romarin.

- 1 bougie dorée

- 1 pyramide en carton, en bois ou en quartz

- 1 morceau de papier doré

- 7 petites coupures

Vous allumez la bougie dorée et l'encens. Ensuite, vous écrivez sur le papier votre nom complet, votre date et votre heure de naissance. Ensuite, mettez les noms des personnes à qui vous devez de l'argent et le montant de votre dette en chiffres. Répétez dans votre esprit : "Cette dette est payée. Il l'est." Placez-la sous la pyramide avec les notes. Lorsque vos souhaits sont réalisés, brûlez les notes et le papier, et laissez les cendres s'envoler dans le vent.

Rituel simple avec la Pyramide de l'Abondance.

Vous obtenez une pyramide d'or. En dessous, vous placez une photo de vous en pied et le pentacle numéro trois de Jupiter. Chaque vendredi, vous devez y allumer une bougie en or ou en argent.

Pentacle #3 de Jupiter.

Quartz et argent.

La malachite a toujours été décrite comme une pierre de pouvoir et précieuse pour la prospérité matérielle. Les propriétés et les utilisations de la malachite sont populaires depuis des siècles.

Calcite orange : est utilisée pour attirer la prospérité dans la maison et l'abondance. Elle n'est pas seulement bénéfique pour les finances, mais aussi pour la créativité et l'amélioration de soi. La Calcite verte est un talisman puissant pour attirer la richesse dans votre entreprise. Cette pierre vibre avec l'énergie d'abondance financière de l'univers.

Quartz Citrine : est connu comme la pierre de l'abondance. Il a un grand pouvoir magnétique, est lié à la chance dans les affaires et à la sécurité de l'emploi. Il est excellent pour préparer des rituels et des amulettes en cas de difficultés ou de pertes financières.

Pyrite : connue depuis l'Antiquité sous le nom d'"or des fous", en raison de sa ressemblance avec ce métal précieux. La pyrite attire les affaires, les emplois, les opportunités de réussite, la stabilité économique, la chance dans les jeux de hasard et dans l'achat de biens immobiliers. Il est conseillé de le placer à l'endroit où l'on garde l'argent ou dans la zone de richesse à la maison ou au bureau, afin de multiplier la prospérité. Un autre endroit fréquent est le portefeuille, plus précisément la poche ou le compartiment à monnaie. Seul le propriétaire doit toucher cette pierre.

Jade : étant vert comme l'argent, il est lié à l'abondance. C'est une pierre puissante qui est utilisée dans de nombreuses cultures, notamment en Orient. On dit que c'est la pierre la plus puissante pour attirer l'argent et la prospérité dans les affaires. Il est conseillé aux vendeurs d'en avoir toujours une près de la caisse enregistreuse ou à l'endroit où ils gardent l'argent.

Rituel du bracelet de jade pour attirer l'argent.

Achetez un bracelet, un pendentif ou des boucles d'oreilles en jade. Placez-la sur un morceau de tissu doré et allumez une bougie en or. Vous allumez un encens à la cannelle et le passez dans le sens des aiguilles d'une montre sur le vêtement. Une fois la bougie consumée, vous devez porter ce vêtement sans que personne d'autre ne le touche. Chaque mois, vous devez répéter le rituel pour le maintenir chargé.

Rituel pour attirer l'argent avec la Citrine dans votre entreprise.

Vous devez

- 3 citrines

- 3 bougies dorées en forme de pyramide

- Essence de lavande

- 1 bâton de cannelle

- 1 pièce de bronze

- 1 pièce d'argent

- 1 sachet jaune

Ce rituel doit être accompli un vendredi soir après 18 heures.

Vous devez consacrer les bougies avec l'essence de lavande. Ensuite, placez-les en forme de triangle. Placez les 3 pièces de monnaie également en forme de triangle et placez le quartz citrin au-dessus d'elles. Allumez les bougies en visualisant l'argent qui entre dans votre entreprise. Laissez les bougies s'éteindre, placez les 3 pierres et les pièces avec un bâton de cannelle dans le sac et accrochez-le derrière la porte de votre entreprise.

Le Coffre de l'Abondance et de la Prospérité.

Vous avez besoin :

- 1 coffre en bois

- 1 pierre magnétique

- 1 pyrite

- 3 pièces de monnaie chinoises avec un ruban rouge

- 1 quartz de jade

- 1 encens à la cannelle

- 1 enveloppe rouge

- 1 morceau de papier sulfurisé

Sur le papier parchemin, vous écrivez : "Je (nom) invoque mes guides spirituels pour m'aider à accroître l'abondance et la prospérité dans ma vie". Vous placez ce papier à l'intérieur du coffre. Vous allumez l'encens à la cannelle, et passez la fumée sur tous les objets à placer dans le coffre. Une fois que vous avez passé l'encens, vous placez tous les objets à l'intérieur du coffre. Fermez le coffre et placez-le dans la zone de prospérité de votre maison ou de votre entreprise. (La zone de richesse se trouve en bas à gauche).

Les filets de cristal.

Les grilles de cristal sont une pièce puissante pour manifester vos intentions. Le pouvoir d'une grille de cristal résulte de l'union des énergies créées entre les pierres de guérison, la géométrie sacrée et votre intention.

La combinaison du pouvoir des cristaux dans un motif géométrique renforce considérablement votre intention, axée sur la manifestation de résultats de manière beaucoup plus rapide. Quel que soit votre objectif, vous pouvez créer une puissante combinaison de cristaux dans une grille pour manifester votre intention de prospérité.

Grille Antahkarana pour la prospérité.

La première étape consiste à décider de l'objectif que vous cherchez à manifester. Vous écrirez sur une feuille de papier votre désir de prospérité matérielle toujours au présent, il ne doit pas contenir le mot NON. Un exemple serait "J'attire l'abondance dans ma vie et j'ai tout ce dont j'ai besoin".

Choisissez ensuite les cristaux que vous allez utiliser.

- Cristal central : une pyramide de pyrite, citrine ou malachite à placer au centre de votre grille, sous laquelle vous placerez le papier avec votre intention.

- Les cristaux environnants. Six cristaux d'abondance : citrine, aventurine verte ou pyrite.

- Pointe de quartz : ce cristal vous servira à activer la grille une fois que vous l'aurez créée.

Ces quartz doivent être nettoyés avant le rituel pour purifier vos pierres de toutes les énergies qu'elles ont pu absorber avant d'arriver dans vos mains, le sel de mer est la meilleure option. Laissez-les avec du sel marin pendant la nuit. Lorsque vous les sortez, vous pouvez également allumer un Palo Santo pour renforcer le processus de purification.

Vous utiliserez la figure ANTAHKARANA, qui est un symbole de protection et peut être utilisée pour fabriquer d'autres types de grilles. Vous avez également la possibilité d'utiliser d'autres formes géométriques sacrées telles que la fleur de vie, le cube de Metatron, la graine de vie ou le symbole de l'infini.

Les motifs géométriques nous aident à mieux visualiser la façon dont les énergies se connectent entre les nœuds ; les nœuds sont les points d'inflexion de la géométrie, ce sont les positions stratégiques où vous placerez les cristaux, de sorte que leurs énergies interagissent les unes avec les autres en créant des courants énergétiques hautement vibratoires (comme un circuit) que nous pouvons détourner vers notre intention.

Vous rechercherez un endroit calme, car lorsque nous travaillons avec des modèles de cristaux, nous travaillons avec des énergies universelles. Vous utiliserez des pierres propres. Ils doivent être en pyrite, citrine, malachite ou quartz blanc. Vous prendrez les pierres une par une et les placerez dans votre main gauche, qui aura la forme d'un bol, vous la couvrirez de votre main droite et vous répéterez à voix haute les symboles reiki : Cho Ku Rei, Sei He Ki, Hon Sha Ze Sho Nen et Dai Ko, trois fois de suite chacun. Vous ferez cela pour dynamiser vos pierres.

Activation de la grille de cristal

Pliez votre papier et placez-le au centre de la grille. Vous placez la pyramide au sommet, cette pierre au centre est le point central, les autres vous les placez comme dans l'*exemple. Vous les connecterez avec le point de quartz, en commençant par le foyer, dans le sens des aiguilles d'une montre.

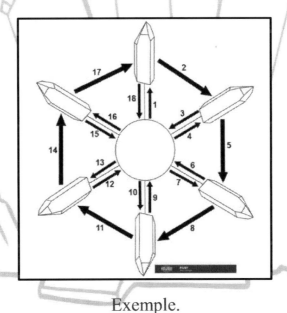

Exemple.

*Antahkarana Grill.

Lorsque vous avez installé le gril, laissez-le dans un endroit où personne ne peut le toucher. Tous les quelques jours, vous devez l'activer, en visualisant dans votre esprit ce que vous avez écrit sur le papier.

Exemples de figures géométriques sacrées pour les grilles de cristal.

Antahkarana.

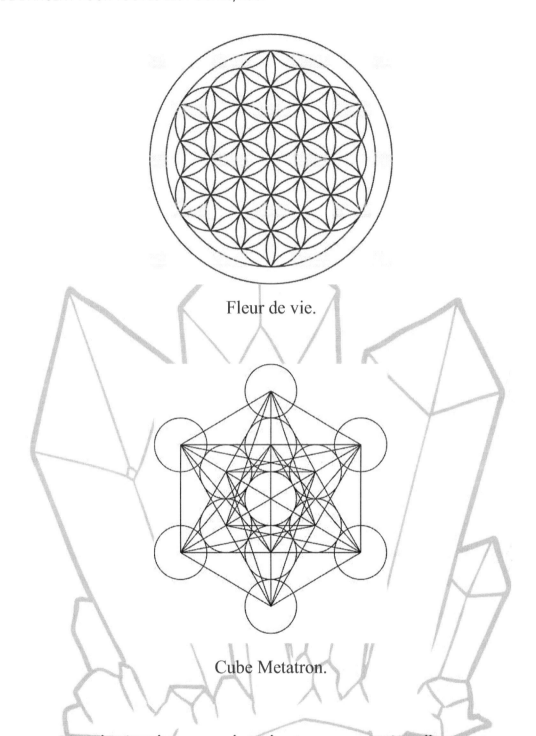

Fleur de vie.

Cube Metatron.

Rituels simples avec des plantes pour attirer l'argent

Rituel avec la Rue : la plante porte-bonheur la plus célèbre. Vous devez placer plusieurs feuilles et tiges à l'intérieur d'un sac rouge, le même que vous aurez toujours dans votre sac à main ou votre portefeuille.

Rituel du tournesol : Placez les pétales de tournesol dans une enveloppe avec un morceau de papier où vous avez préalablement écrit tous vos souhaits de prospérité et d'abondance. Cette enveloppe sera gardée à l'intérieur d'un livre que personne ne touchera.

Rituel de la lavande : placez les fleurs et les feuilles de lavande dans un sac vert. Placez-le sous votre oreiller. Chaque soir, lorsque vous vous couchez, remerciez pour tout l'argent que vous avez et pour l'argent qui entre dans votre vie.

Sort brésilien pour la prospérité

Vous avez besoin :

- 1 brin de persil

- 1 brin de menthe

- 1 tête d'ail

- 1 cuillère à soupe de sel de mer

- 1 sac en lin blanc

- 1 ruban blanc

Placez le sac contenant tous les ingrédients, attaché avec le ruban blanc, à l'intérieur de la porte de votre maison. Vous devez le changer tous les mois.

L'essence de la prospérité.

Vous avez besoin :

- Votre flacon de parfum préféré

- 3 encens à la cannelle

- 3 bougies dorées.

Pour que ce sort soit efficace, vous devez le lancer le vendredi à l'heure de la planète Jupiter.

Dans la bouteille de parfum que vous utilisez quotidiennement, vous allez mettre toutes les gouttes des essences et les mélanger très bien. Allumez les trois encens. Les bougies en forme de pyramide et placez le bouton au milieu. Pendant que vous le faites, répétez dans votre esprit toutes les bénédictions que vous souhaitez voir arriver dans votre vie en matière de prospérité matérielle. Laissez-le là jusqu'à ce que les bougies s'éteignent. Votre parfum est maintenant consacré à l'abondance. Vous seul devez l'utiliser.

Les clés de l'abondance.

Vous avez besoin :

- 3 vieilles clés

- 1 billet de banque ordinaire

- 1 bougie verte

Avec les trois clés, vous formez une pyramide, placez le billet de banque au centre et allumez la bougie. Pendant que vous faites cela, répétez dans votre esprit l'affirmation suivante : "La richesse vient à moi parce que ces clés m'ouvrent les portes de l'abondance infinie maintenant". Lorsque la bougie s'éteint, vous cachez les clés dans le coin de prospérité de votre maison.

Spray d'abondance

Pour que ce rituel soit le plus efficace possible, vous devez l'effectuer un jeudi, un vendredi ou un dimanche à l'heure de la planète Vénus ou Jupiter.

Vous aurez besoin :

- Eau de Floride

- 1 bâton de cannelle

- Peau d'orange

- Eau de la pleine lune

- 1 flacon pulvérisateur

- 1 ruban de couleur or

- 7 pièces

- 1 bougie dorée

Faites bouillir l'eau de lune avec le bâton de cannelle et le zeste d'orange pendant 10 minutes. Laissez-le reposer dans un endroit frais et sombre pendant trois jours. Puis ajoutez l'Aguaflorida et mettez-le dans l'atomiseur. Placez les sept pièces en cercle autour de l'atomiseur. Au milieu, allumez la bougie dorée. Pendant que vous faites cela, répétez à voix haute : "L'abondance vient à moi, j'ai de l'argent à revendre et tous mes besoins sont satisfaits". Lorsque la bougie s'éteint, attachez le ruban doré au flacon pulvérisateur et vaporisez tout ce qui a trait à l'argent autour de vous.

Codes numériques sacrés.

Les Codes Sacrés ont été canalisés par José Gabriel Agesta, il s'agit d'une technique d'urgence que les maîtres ascensionnés ont laissé en réserve pour les périodes les plus difficiles que nous pourrions avoir à traverser. Ils formulent une mathématique d'une autre dimension, ce sont essentiellement des chiffres qui activent des énergies concrètes. Ils agissent avec un numéro que vous répétez et les êtres de lumière répondent à vos demandes et à vos vibrations. Vous devez répéter des décrets ou des affirmations d'abondance pour que le code vibre au diapason de ce dont vous avez réellement besoin. Selon vos souhaits, vous choisissez un code et le répétez 45 fois, qui est le numéro de la manifestation, autant de fois que vous le souhaitez dans la journée. Après l'avoir répété, vous devez rendre grâce trois fois.

Lorsque vous prononcez les codes, votre énergie fusionne avec l'énergie de l'être de lumière que vous invoquez et cela active la manifestation de ce que vous demandez. Vous devez diriger toute votre énergie et votre confiance.

Activation du code

Répétez le code choisi 45 fois. En conduisant, en prenant un bain ou en méditant. Le lieu n'est pas important, mais votre connexion et votre intention. La meilleure façon de garder la trace tout en citant le code sacré est de porter un collier avec 45 perles, ou une corde avec 45 nœuds. Vous pouvez dire le code mentalement ou verbalement. Vous répétez le numéro de la manière la plus confortable pour vous.

Par exemple, le nombre 520 peut être dit un par un (cinq cent vingt), numéro par numéro (cinq, deux, zéro) ou, s'il s'agit d'un nombre plus long, il peut être récité par deux ou trois. Il peut y avoir différents codes pour le même objectif.

Pour obtenir la prospérité économique et l'abondance, voici les codes sacrés que vous devez connaître :

Argent inattendu : 520

Argent, connexion avec l'élémentaire : 47620

L'argent par le génie planétaire Och : 1016

Argent, amélioration de votre situation financière : 5701

Argent, pour les cas urgents : 897

Argent, lorsque quelqu'un vous doit de l'argent ou pour récupérer de l'argent : 858

L'argent, pour qu'il coule vers nous : 1122, 5701

Argent, pour arriver : 897

Argent, pour libérer les problèmes d'argent et donner les soucis à Dieu : 608

L'argent, pour que l'argent dont vous avez besoin arrive sans encombre : 42170

Succès dans la vie : 2190

Préparer le terrain pour la prospérité : 773

Prospérité : 079

Ange de la richesse : 88829

Ange de l'Abondance : 71269

Trouver un emploi : 6700, 54545, 5600

Décrets d'abondance.

Ces décrets doivent être faits pendant 21 jours pour que vous puissiez voir les résultats, si possible trois fois par jour. Si vous les répétez à haute voix, ils seront plus puissants.

Je suis prospère.

J'accepte mon abondance.

Mon âme et mon corps sont en harmonie avec les vibrations de la prospérité et le succès entre facilement dans ma vie.

J'ai choisi de vivre dans l'aisance, je suis un battant.

Je réclame ma part légitime de la richesse. Je suis prospère. L'argent entre dans ma vie en abondance et sans aucun effort.

Je suis prospère et riche, l'argent coule dans ma vie constamment, en permanence et sans effort, l'argent pousse dans mes mains comme les arbres poussent dans les champs, tout ce que je dépense me revient multiplié, car je suis la source de toute richesse.

Je suis l'amour infini, la source de la richesse, de l'abondance, de la prospérité.

Je suis l'abondance parfaite et la richesse divine.

Je suis prospère dans mes affaires et mes finances.

Je suis la sagesse divine qui façonne intelligemment toute existence. Je marche en toute sécurité dans l'abondance. Je me vois dans la prospérité.

J'ai le pouvoir de créer mon propre monde. Mes rêves se concrétisent parce que j'y persévère. Tout ce que je décide de faire, je le fais.

Je décide aujourd'hui d'avoir une vie abondante, réussie, aimante et heureuse. Je décide d'avoir tout ce qu'il y a de mieux, quelle que soit sa taille. Je pense au succès et à l'abondance.

Ma vibration magnétique attire le bien-être dans ma vie et dans tout ce qui m'entoure. Je crois au pouvoir de l'attraction.

La prospérité avec le Feng Shui.

- Gardez trois pièces du I Ching ou des pièces d'or chinoises dans votre portefeuille ou derrière la porte d'entrée sur la poignée de porte, cela améliorera immédiatement vos revenus personnels.

- Un panier de fruits frais ou de fleurs sur la table de la cuisine ou de la salle à manger apporte abondance et prospérité. Une orchidée, en particulier de couleur violette, placée avec pleine intention sur la table à manger, apportera prospérité et succès.

- Placez une fontaine d'eau mobile à l'extérieur ou immédiatement à l'intérieur de la porte d'entrée de votre maison ou de votre bureau. L'eau en mouvement est un excellent moyen de diriger le flux d'abondance directement dans votre maison. Vous pouvez également générer des revenus en plaçant une fontaine d'eau en mouvement dans l'espace de richesse de la maison ou du bureau. Placez la fontaine sur le côté arrière gauche du rez-de-chaussée et ajoutez une infusion supplémentaire d'énergie en ajoutant dans l'eau 4 cristaux d'améthyste, 5 pyrites et 6 malachites, regroupés pour former une montagne de richesse.

- Placez un jade, un bambou (avec 4 tiges) dans le coin riche de votre maison ou de votre bureau.

- Placez trois plants de romarin frais dans la cuisine. Tout trio de plantes ajouté au décor de la cuisine augmentera la quantité d'argent disponible au guichet automatique de façon éloquente.

- Peindre la porte d'entrée en rouge, c'est un remède classique et conventionnel de richesse Feng shui. Si vous ne pouvez pas peindre la porte d'entrée en rouge, peignez-la simplement en or, en jaune ou en vert. Choisissez parmi celles-ci la couleur qui correspond le mieux au décor de votre maison. Si vous ne pouvez ou ne voulez pas changer la couleur de la porte d'entrée, peignez un petit point rouge à hauteur des yeux sur le côté gauche du cadre de la porte. Ce point a des implications formidables et heureuses.

Les objets qui attirent la prospérité.

Pour éliminer les énergies négatives qui vous retiennent, vous pouvez choisir d'avoir différentes touches qui attirent la chance et la prospérité.

- Statuette d'éléphant pour porter chance. Symbolisant la puissance et la force, il attire la chance et la sagesse dans la maison. L'endroit idéal pour placer cette amulette est le hall d'entrée de la maison, tourné vers l'intérieur, accueillant la prospérité et la laissant entrer.

- Des bambous pour la prospérité. Pour attirer le succès et la prospérité, les Asiatiques affirment que le bambou est excellent.

- Fer à cheval. C'est l'un des talismans les plus populaires pour attirer la chance. Sa forme semi-circulaire est liée à la fertilité et le fer dont il est fait à la puissance. Pour qu'il fonctionne comme une amulette, il est conseillé de l'accrocher à la porte, les extrémités tournées vers le haut. De cette façon, il devient un réceptacle pour les forces astrales. L'idéal est de trouver un fer à cheval à sept trous, car c'est le nombre ancestral associé à la bonne fortune.

- Le poisson. Le poisson rouge est l'un des huit symboles sacrés de Bouddha, il est donc considéré comme un talisman de richesse et de chance. Mais il n'y a pas que de l'or. Les figures de poisson peuvent également être en argent, en cristal ou même sculptées dans le bois, et peuvent être laissées à l'intérieur de la maison, ou utilisées dans des bijoux. Non seulement ils attirent la bonne énergie, mais ils protègent également le porteur de la malchance.

- Chat de la fortune. Ce talisman d'origine japonaise est peut-être l'un des plus connus en Occident. Le chaton, avec sa main levée en signe d'appel, invite les bonnes énergies à entrer dans la maison ou le lieu. Le chat peut être placé n'importe où dans la maison qui est visible, mais face à la porte est excellent.

- L'œil de Horus. Cette amulette traditionnelle de la civilisation égyptienne est utilisée depuis l'Antiquité, principalement pour éloigner l'envie et le "mauvais œil". On pense également qu'il éloigne les maladies. Il est courant de trouver deux versions de l'œil : la gauche, qui symbolise la lune, et la droite, qui représente le soleil. C'est à cette dernière que sont affectées les bonnes énergies.

- Bouddha souriant. Avoir la figure d'un Bouddha souriant dans la maison produit la richesse, la prospérité et l'argent. Il transforme également les énergies de la maison, de sorte que la paix et la bonne humeur prédominent.

- Tortue. La tortue représente la santé, la longévité, la stabilité et l'équilibre, en avoir comme animal de compagnie augure de la prospérité. Avoir la statuette d'une tortue portant ses petits sur son dos représente les bonnes opportunités qui se présenteront à l'avenir.

- Chandelier. Le candélabre doit avoir sept bras, il appartient à la tradition hébraïque et est considéré comme un porte-bonheur pour le bonheur et l'équilibre dans la maison. Dans le monde ésotérique, il représente même une lumière dans l'obscurité. Pour attirer l'abondance et la chance dans votre maison, vous devriez accrocher un candélabre miniature derrière la porte d'entrée de votre maison.

- L'œil turc. Historiquement, il a été utilisé pour dissoudre le mauvais œil. Si vous le placez face à la porte, il apporte de la chance dans la maison et agit comme un protecteur contre le mal et les mauvaises énergies.

- Trèfle à quatre feuilles. C'est la quintessence du porte-bonheur, bien qu'il s'agisse d'un spécimen très rare, qui ne se produit qu'une fois sur 10 000. Chaque feuille du trèfle représente un élément du bonheur : amour, santé, fortune ou prospérité.

- Clés anciennes. Les clés anciennes portent chance, notamment dans le domaine de l'économie domestique, des affaires et du travail. Ils symbolisent l'ouverture de portes, c'est-à-dire de nouvelles opportunités.

- Les cloches. Elles remplissent la maison de bonnes vibrations et favorisent la circulation des bonnes énergies, repoussant les négatives et attirant les positives. Ils sont généralement placés sur les portes ou dans les cours.

- Les dés. Ils symbolisent l'avenir et la chance. Vous devriez toujours en avoir un sur vous, dans votre portefeuille, votre sac à main ou en vrac dans votre sac.

- La main de Fatima. Dans certaines cultures, il est considéré comme le porteur de chance, d'abondance et de santé.

- Les Croix. Les croix de Caravaca, égyptiennes et celtiques sont considérées comme protectrices contre les maladies. Ils attirent également la prospérité.

- Carillons à vent. Ils sont célèbres pour attirer l'énergie positive, en fait, ils sont aussi appelés "communicateurs d'anges".

- Patte de lapin. Largement utilisé dans la culture occidentale, c'est l'un des porte-bonheurs les plus anciens et les plus populaires pour la maison.

- Couleur bleue. Il symbolise l'élément eau, il crée donc la fluidité. Si vous perdez facilement votre argent, ajoutez cette couleur à votre maison.

- Du quartz. La sélénite, le quartz blanc et la tourmaline noire sont d'excellents choix pour les cristaux qui attirent les bonnes énergies. Utilisez-les comme pièces décoratives et veillez à les laisser dans une fenêtre la nuit pour les recharger avec l'énergie du clair de lune.

- Figurine de dauphin. Les histoires de chance attirée par les dauphins sont très anciennes et proviennent des marins et des personnes qui travaillent en mer.

Les objets qui entravent la prospérité.

- Des décorations ou des cadeaux non désirés. Vous ne devez pas conserver les objets qui vous ont été donnés par des personnes que vous n'aimez pas ou par une personne avec laquelle vous avez rompu une relation brusque ou difficile.

- Fleurs séchées, plantes artificielles ou cendres d'une personne décédée. Les bouquets avec des fleurs fanées ou les ornements avec des fleurs séchées sont généralement de mauvais augure. Il en va de même pour les plantes et fleurs artificielles et les cendres d'une personne décédée, car elles sont sans vie, elles ne laissent pas passer l'énergie et interfèrent négativement dans l'équilibre énergétique de la maison.

- Cacti ou plantes épineuses. Les cactus ou les plantes épineuses ne doivent pas se trouver dans la maison car ils peuvent attirer des problèmes économiques.

- Miroirs brisés ou tachés. Les miroirs doivent toujours être propres. S'ils sont cassés ou en mauvais état, vous devez les jeter. Selon le Feng shui, ils ne doivent jamais être placés devant le pied du lit.

- Balai vers le haut. Lorsque vous gardez le balai dans la salle de bain, vous ne devez pas le mettre avec les poils vers le haut, cela est synonyme de malchance et éloigne l'argent. Vous devez toujours la garder tournée vers le bas.

- Parties d'animaux morts. Avoir chez soi des parties d'animaux morts, comme des peaux, des coquilles, des cornes, des ivoires, des escargots ou des espèces empaillées équivaut à un mauvais sort. La croyance a à voir avec les énergies stagnantes. La mort sera présente dans votre maison.

- Des vêtements abîmés ou en mauvais état. Il est très important d'éviter l'accumulation de vêtements anciens ou déchirés que nous ne portons plus. Ils sont un obstacle qui ne permet pas de renouveler les énergies de la maison.

- Placer un aquarium dans la cuisine ou la chambre à coucher. Si vous avez un aquarium dans la cuisine ou la chambre à coucher, vous commettez une grave erreur. Selon le Feng Shui, ces zones nécessitent la présence de l'élément feu et l'eau pourrait l'annihiler.

- Un vieux calendrier. La tradition veut que l'affichage d'une année, d'un mois ou d'un jour erroné rappelle le temps qui passe, ce qui nuit à votre vie en attirant la malchance.

- Une horloge arrêtée. Une horloge arrêtée ou une horloge qui ne fonctionne tout simplement pas, il vaut mieux la jeter, selon la tradition chinoise, elle attire la malchance car le temps s'est arrêté sur elle. C'est aussi le signe d'une vie plus courte.

- Photos de catastrophes naturelles. Des photos dans votre maison montrant des catastrophes naturelles sont des symboles de malchance. Non seulement des photos de mort ou de destruction, mais aussi des photos de chutes de neige ou de pluie.

- Une porte noire. (Pas si elle est orientée vers le nord). Selon le Feng Shui, une porte noire orientée vers le sud, l'est ou l'ouest porte malheur.

- Parasols ou parapluies à l'intérieur de la maison. C'est l'une des plus anciennes superstitions de mauvais augure connues. Un parapluie en soi ne porte pas malheur ou n'en est pas un symbole, mais lorsqu'il est ouvert à l'intérieur de la maison, ou de tout autre intérieur, on dit qu'il attire le mauvais sort.

- Une hache à l'intérieur de la maison. La hache à l'intérieur de la maison n'est pas seulement un objet de malchance, mais aussi de mort.

Les plantes qui attirent la prospérité dans les maisons.

La fougère : est une plante que nous pouvons facilement placer dans nos maisons, elle est connue pour attirer la chance et est même liée à la protection, ces qualités sont liées à la prospérité.

Le basilic : il est bien connu pour donner un goût particulier aux aliments, une herbe qui ne peut manquer dans les délicieuses sauces pour pâtes. Cependant, il a également la capacité d'attirer la bonne fortune et d'éloigner la malchance.

La lavande : cette plante particulière est utilisée comme élément principal dans les rituels, pour attirer l'argent et se débarrasser de la malchance.

Nacre : il s'agit d'une plante originaire des tropiques qui, grâce au dessin de ses feuilles, est utilisée pour décorer les intérieurs, mais elle fonctionne aussi pour attirer l'abondance monétaire.

Géranium : est l'une des plus anciennes plantes auxquelles on attribue des propriétés magiques. Il est utilisé pour l'amour, la fertilité et la protection contre la sorcellerie. Un autre avantage est qu'il attirera également de l'argent chez vous.

La plante d'argent : connue sous le nom de châtaignier de Guinée est très célèbre pour être la plante d'argent, parfaite pour attirer l'argent à la maison et au travail. Parmi ses atouts, il n'a pas besoin d'être cultivé avec beaucoup de dévouement, car il pousse relativement facilement.

Eucalyptus : il suffit de brûler quelques feuilles et de faire le tour de la maison pour que l'arôme se répande dans toutes les pièces, éliminant ainsi les mauvaises énergies et laissant entrer l'abondance.

Camomille : elle est utilisée depuis l'Antiquité grâce à ses milliers de propriétés et de bienfaits. Il est utilisé pour éliminer les choses négatives et ainsi attirer l'abondance.

Aloe Vera : cette plante est utilisée dans de nombreux rituels pour contrer l'envie, l'aloe Vera attire la chance et la prospérité dans les maisons où elle se trouve.

Le thym : une plante utilisée depuis des siècles pour purifier l'air et éliminer la négativité.

Menthe : la menthe a toujours été connue pour ses propriétés médicinales, mais le simple fait d'en avoir chez soi permet d'éliminer les mauvaises vibrations et d'attirer la prospérité économique.

Les couleurs pour attirer l'argent.

Depuis des millénaires, des maîtres sages ont médité sur l'importance des couleurs pour attirer l'argent. Ils ont confirmé la capacité magnétique dont ils disposent pour nous envelopper de leur aura positive et activer la prospérité. Certaines de ces couleurs sont :

Jaune.

Il a été utilisé par les royaumes les plus imposants depuis les temps anciens. Les Romains l'utilisaient comme symbole de leur richesse, car il attire l'argent et l'abondance matérielle.

Vert.

La capacité de cette couleur à attirer l'argent réside dans son essence. Étymologiquement, le mot "vert" vient du mot (virĭdis) qui en latin signifie vigueur, c'est pourquoi cette teinte est toujours associée à la force de la jeunesse.

L'or.

Parmi les couleurs pour attirer l'argent, l'or est frappant, il permet d'attirer de grandes richesses.

Rouge.

Le feu de la vie qui traverse notre corps sous forme de sang est de cette couleur, il a la capacité d'attirer l'argent, et son énergie nous pousse à atteindre nos objectifs.

Bleu.

C'est la couleur de la confiance, utile pour consolider les relations d'affaires, attirer l'argent et renforcer les accords.

Pentagramme avec sel de mer pour les affaires.

En magie, il existe d'innombrables figures qui ont des liens essentiellement ésotériques. Le pentagramme est l'une des figures les plus reconnues et les plus puissantes, car son utilisation remonte pratiquement à l'époque du philosophe grec Pythagore.

Un pentagramme est une étoile à cinq branches dessinées d'un seul trait. Pour Pythagore et ses disciples, il s'agissait d'un signe à la fois magique et spirituel, puisque la figure représentait l'harmonie entre le corps et l'esprit.

D'un point de vue économique et commercial, le pentagramme est la bonne étoile.

Rituel pour l'abondance avec un pentagramme.

Vous avez besoin :

- 1 carton jaune

- Encre dorée

- Huile essentielle de romarin

- 1 pinceau

- Sel marin fin

- Écorce d'orange grattée

- Sel noir

- Papier sulfurisé

- 1 bougie dorée

- Graines d'orange ou de pomme

Pour que le rituel soit le plus efficace possible, vous devez le faire le jeudi, le vendredi ou le dimanche au lever du soleil.

Placez un morceau de carton jaune sur une table et dessinez un pentagramme avec l'encre dorée. Sur l'étoile, vous placez l'huile de romarin. Mélangez le sel marin avec le zeste d'orange râpé et versez-le sur l'huile de romarin. Placez le sel noir sur les cinq points de l'étoile. Écrivez le mot prospérité sur la bougie et votre nom complet, allumez la bougie et placez-la au centre du pentagramme. Quand la bougie s'éteint, on enterre le tout. Sur le dessus, vous planterez une graine d'orange ou de pomme. Le 11e jour de chaque mois, vous les arroserez avec de l'eau et de la poudre de cannelle.

Rituel pour recevoir plus d'argent.

Vous avez besoin :

- 7 récipients en terre cuite avec couvercles

- 1 bouton miel

- 7 pièces de monnaie en or, argent ou bronze

- 1 bougie d'or

- 1 bougie jaune

- 1 bougie verte

- 1 bougie bleue

- 1 bougie violette

- 7 rubans dorés

- Encens à la lavande

- Feuilles de menthe poivrée

Pour que le rituel soit efficace, il doit être effectué un dimanche à l'heure de la planète Vénus.

Allumez l'encens à la lavande et toutes les bougies. Placez une pièce de monnaie et une feuille de menthe dans chaque récipient en terre. Versez le miel sur les pièces et la cire de chacune des bougies. Attachez un ruban à chaque récipient, puis distribuez-les dans votre maison à des endroits où personne ne les ouvrira. En effectuant ce rituel, répétez dans votre esprit vos décrets de prospérité.

Rituel grec du laurier et de l'ail pour attirer l'argent.

Vous avez besoin :

- 1 petite bouteille en verre avec bouchon

- 7 gousses d'ail

- 7 feuilles de laurier

- 7 feuilles de rue

- 1 bougie dorée

- 1 bougie verte

- Encens à la cannelle

- 1 quartz blanc

- Eau de pluie ou eau de pleine lune

- 1 entonnoir

- Carré de Jupiter

4	14	15	1
9	7	6	12
5	11	10	8
16	2	3	13

Carré de Jupiter.

Vous devez allumer l'encens à la cannelle et les bougies. Versez ensuite un peu d'eau de pluie ou d'eau de lune dans la bouteille, le quartz blanc, l'ail, les feuilles de rue et les feuilles de laurier. Vous recouvrez la bouteille et la scellez avec la cire de la bougie dorée. Répétez dans votre esprit : "L'ail, la rue et le quartz éloignent de moi toutes les vibrations négatives, le laurier attire l'abondance dans ma vie". Laissez la bouteille au sommet du carré de Jupiter, à côté des deux bougies, jusqu'à ce que les bougies soient consumées. Ensuite, cachez-le sous votre lit et brûlez le carré.

Le sort du sac d'abondance.

Ce rituel est plus efficace si vous le réalisez un mardi à l'heure de la planète Vénus ou un jeudi à l'heure du Soleil.

-

Vous avez besoin :

- 1 petit sac doré

- 1 bougie verte

- 2 pièces

- 1 billet ayant cours légal

- 1 pièce d'or

- 1 pièce d'étain

- 1 mèche de vos cheveux

- Grains de blé, riz, pois chiches et lentilles

- 1 plaque métallique

- 1 ruban vert

- Le pentacle de Jupiter n°7 sur une feuille de papier. (Vous le trouverez à la fin du livre).

Placez les feuilles de romarin sur l'assiette en métal, placez la bougie verte sur l'assiette et allumez-la. Au dos du papier avec le pentacle, vous écrivez tous vos souhaits de prospérité et d'abondance. Dans le sac, tu mets les pièces, le billet, l'or, l'étain, le blé, le riz, les pois chiches, les lentilles et le pentacle de Jupiter. Vous le fermez et y attachez le ruban vert, puis vous le faites passer dans la fumée dégagée par la bougie. Quand la bougie s'éteint, vous gardez le sac sous le matelas. Si vous le souhaitez, une fois par mois, vous pouvez le retirer et le garder avec vous dans votre portefeuille ou votre poche.

Rituel de l'argent pour acheter une maison.

Ce rituel est plus efficace si vous le réalisez un dimanche, un jeudi ou un vendredi à l'heure du Soleil.

Vous avez besoin :

- 1 bol en terre cuite avec couvercle

- 1 ruban jaune

- 1 ruban doré

- Sable

- 1 pièce

- Encens de bois de santal

- 1 bougie pyramide dorée

- 4 escargots

- 4 feuilles d'orange (fruit)

Attachez les rubans au récipient en argile, puis placez les feuilles d'oranger, la pièce de monnaie et les escargots à l'intérieur du récipient et recouvrez-le de sable. Au centre, placez la bougie sur le sable et allumez-la avec l'encens. Lorsque la bougie se consume, couvrez le récipient et placez-le près du coin prospère de votre maison.

Rituel pour accélérer la vente d'une maison.

Vous avez besoin :

- 1 clé de maison

 -1 ruban orange

- Pentacle de Saturne #3

- 1 bougie verte

- 1 plume d'oiseau blanche

Vous devez effectuer ce rituel pendant les heures de la planète Jupiter, Vénus ou Saturne, mais la nuit. Il est important que le bien soit déjà en vente.

Vous allumez la bougie verte et la placez au sommet du pentacle de Saturne. Tu mets le ruban dans le trou de la serrure et tu fais cinq nœuds dessus, aux extrémités tu attaches la plume blanche. Vous le placez devant la bougie et répétez à haute voix : "J'ai décidé de vivre dans l'opulence, je suis un gagnant, je suis né pour réussir et aussi pour gagner. Je suis un entrepreneur et je revendique ma part de richesse. Cette maison est déjà vendue". Lorsque la bougie s'éteint, vous enterrez tout dans votre jardin ou dans un parc.

Rituel marocain à l'ail et au tournesol pour la prospérité économique.

Vous avez besoin :

- 21 gousses d'ail

- 21 graines de tournesol

- Récipient en métal

Placez les feuilles de rue séchées dans le plat métallique, allumez-les avec une allumette et faites-les circuler dans les coins de votre maison. Mettez ensuite l'ail et les graines de tournesol dans la même assiette. Placez cette assiette en hauteur dans la cuisine de votre maison. Vous pouvez répéter le rituel lorsque les gousses d'ail pourrissent.

Rituel germanique pour obtenir du crédit.

Pour être efficace, il est préférable de le faire le mercredi ou le vendredi.

- La carte de la société auprès de laquelle vous souhaitez obtenir le crédit ou le prêt (si vous ne l'avez pas, écrivez sur un papier vert son nom et le montant que vous demandez).

- 1 bouton miel

- 5 quartz citrine

- 1 bâton de cannelle

- 1 bougie pyramide verte

- 1 encens à la cannelle

- 1 bol en faïence

- 1 pièce de tissu doré

- 1 ruban doré

Allumez l'encens et passez-le sur la carte ou le papier de l'entreprise que vous souhaitez voir vous accorder un crédit. Placez le papier ou la carte à l'intérieur du récipient et ajoutez les citrines. Versez le miel et le bâton de cannelle et couvrez le pot avec le morceau de tissu doré, en l'attachant avec le ruban, avec cinq nœuds. Allumez ensuite la bougie verte en forme de pyramide et lorsqu'elle s'éteint, jetez les restes. Le bocal doit être caché dans un endroit sombre où personne n'y a accès.

Rituel pour multiplier les ventes.

Vous avez besoin :

- Poudre d'oignon

- Poudre de cannelle

- Zeste de citron râpé.

- Sel de mer

- Menthe moulue

- Levure de bière

- Poudre d'ail

- Zeste de pamplemousse, râpé

Mélangez tous ces ingrédients dans un mortier et un pilon. Chaque jeudi, à l'heure de la planète Vénus ou du Soleil, vous saupoudrerez tous les coins de votre entreprise de cette poudre magique. Vous placez la poudre sur les étagères de vente, sur la porte d'entrée et sur la caisse enregistreuse.

La grenouille de la richesse du Feng Shui.

Cette grenouille doit être placée près de l'entrée de la maison et doit être tournée vers l'intérieur. Pour les hommes d'affaires, il est préférable de le placer dans le domaine de la richesse. Il ne doit jamais être placé dans la chambre, la cuisine et la salle de bains. Ne le laissez jamais par terre ou sur le sol. Tu devrais l'avoir sur quelque chose de rouge. Si vous achetez la grenouille avec le rubis, assurez-vous que ce côté pointe vers le haut (et jamais vers le bas) une fois que vous le placez dans la bouche de la grenouille. Si vous en achetez une avec une pièce de monnaie comportant une écriture chinoise sur une face et des symboles sur l'autre, veillez à ce que la face comportant les symboles chinois soit tournée vers le haut une fois la pièce placée dans la bouche de la grenouille. Il est recommandé d'avoir un total de neuf grenouilles dans votre maison. Placez-les discrètement et dans des directions différentes.

Feng Shui pour portefeuille, porte-billets ou sac à main.

Veillez à garder votre portefeuille ou votre sac à main bien rangé, ne l'encombrez pas de papiers dont vous n'avez pas besoin. Votre portefeuille doit être spacieux, c'est-à-dire qu'il doit pouvoir contenir plus d'argent. Les couleurs ont de l'énergie et vous devez choisir la couleur de votre portefeuille avec soin.

Le rouge est une couleur de très bon augure, elle est considérée comme attirant la richesse et l'abondance.

Le bleu est la couleur de l'élément eau. En Feng Shui, c'est l'ancien symbole de l'abondance, ce qui fait du bleu un excellent choix pour un portefeuille prospère.

Le noir est également la couleur de l'élément eau dans le Feng Shui, ce qui en fait un excellent choix pour un sac à main ou un portefeuille.

Le marron est la couleur la plus populaire (après le noir), car il existe de nombreuses textures de cuir naturel qui rendent cette option très attrayante. Il est également très favorable pour attirer l'abondance.

Le vert, étant de l'élément bois dans le Feng Shui, est un excellent choix de couleur car il est frais.

La zone de richesse dans votre maison.

Vérifiez les plans de votre maison, si vous observez qu'elle est plus ou moins rectangulaire, placez-vous à la porte d'entrée, et la zone de richesse sera en bas à gauche. C'est-à-dire, s'il s'agit d'un rectangle, en bas à gauche du plan.

Il existe un lien très fort entre cette zone de votre maison et votre situation économique. Dans cet endroit, il ne doit y avoir aucune chose dont vous n'avez pas besoin, vous devez placer des lampes de sel, des fontaines d'eau, des images qui représentent la prospérité et des ornements en or.

La bougie magique.

Vous avez besoin :

- 1 feuille de papier

- 1 crayon vert

- 1 petit sac de cartouches de papier

- Assiette en porcelaine blanche

- Bougie de couleur or

- Petite boîte en bois verte

Vous devez lancer ce sort un lundi ou un jeudi à l'heure de la planète Vénus.

Vous écrivez sur le papier la somme d'argent dont vous avez besoin. Pliez ce papier en trois parties et mettez-le dans le sac, placez-le sur l'assiette en porcelaine. Allumez la bougie dorée et placez-la sur le sac. Laissez la bougie se consumer, et placez les restes dans la boîte en bois, gardez-la dans un endroit secret.

Coton magique pour l'abondance.

Vous avez besoin :

- 1 bol en cristal

- 1 billet de n'importe quelle valeur

- 1 sac de coton hydrophile

- Sucre brun

- Miel

Remplissez le bol en verre de miel, placez le billet de banque au milieu et recouvrez-le de sucre. Placez tout dans le sac en coton et enterrez-le dans votre jardin ou dans un parc. Pendant que vous l'enterrez, répétez dans votre esprit : "L'abondance vient à moi, je reçois de l'argent de sources inattendues, je suis prospère, l'argent afflue vers moi de nombreuses sources". Assurez-vous que c'est un endroit où personne ne peut le déterrer.

Rituel pour gagner à la loterie.

Vous avez besoin :

- 1 bougie d'or

- 1 brin de laurier

- Sel de mer

- 1 verre d'eau de pleine lune, de pluie ou d'éclipse

- 1 encens au jasmin

- 2 pierres de pyrite

- 1 billet de loterie ou de tombola qui n'est pas un billet gagnant

- 5 pièces

- 5 billets ayant cours légal

Ce sort est plus efficace si vous le faites un jeudi ou un dimanche.

Sur une table, placez le verre d'eau à votre gauche, allumez la bougie et l'encens et placez-les au centre. Les pyrites sont placées à droite. Faites un cercle avec le sel de mer dans lequel les ingrédients ci-dessus sont inclus. Avec la flamme de la bougie, vous brûlez le billet de loterie et, pendant ce temps, vous répétez trois fois la phrase suivante : "La malchance s'éloigne de ma vie". Mettez la branche de romarin dans le verre d'eau bénite et répétez cinq fois dans votre esprit : "Je reçois mon prix et ma fortune".

Prenez les billets de banque et les pièces de monnaie et placez-les à côté des pyrites. Lorsque la bougie se consume, vous pouvez tout jeter à la poubelle, sauf les pyrites, que vous enterrerez dans votre jardin ou dans un pot de fleurs. Les billets et les pièces seront placés sous votre matelas jusqu'à ce que vous décidiez de les utiliser pour acheter un billet de loterie.

Pentacle de la prospérité.

Vous avez besoin :

- 1 bougie d'or

- 3 oranges (fruits)

- 3 tournesols

- 5 pièces de monnaie d'usage courant

- Huile de cannelle

- 5 malachites

- 1 billet ayant cours légal

Dessinez un pentacle avec l'huile de cannelle, placez une pièce de monnaie et une malachite à chaque pointe de l'étoile. Au centre, vous placez le billet étendu et, par-dessus, les oranges formant un triangle. Allumez la bougie et, avec la paume gauche de votre main au-dessus de la flamme, répétez à haute voix : "Feu de la prospérité, pentacle du succès, apporte la richesse dans ma vie". En disant cela avec votre main droite, vous lancez les pétales de fleurs autour du pentacle. Lorsque la bougie se consume, vous pouvez tout jeter sauf les malachites, que vous cacherez dans le coin de prospérité de votre maison. Le billet et les pièces doivent être jetés à l'entrée d'une entreprise très prospère.

Rituel de l'eau de pluie pour l'argent.

Dans une coupe en verre, vous recueillez l'eau de pluie, vous y versez cinq pièces de monnaie ordinaires, cinq citrines, cinq quartz blancs, cinq malachites, cinq pyrites et cinq améthystes. Cette tasse doit être placée en haut de l'échelle dans votre entreprise ou votre maison. Lorsque l'eau s'évapore, vous pouvez le remplir à nouveau.

Rituel pour chasser la pauvreté.

Vous avez besoin :

- 1 plat en verre

- 1 grande bougie jaune

- Peau d'une tête d'ail

- 11 pièces ordinaires

- 1 nouvelle aiguille à coudre

- 1 nouvelle paire de ciseaux

Inscrivez sur la bougie jaune, en commençant par le bas, votre nom complet et onze fois le symbole monétaire ($). Allumez la bougie et placez-la sur la plaque de verre. Autour, vous placez les pièces de monnaie et les coquilles de la tête d'ail. Pendant que vous faites cela, répétez dans votre esprit : "Merci pour toute l'opulence qui est déjà en route dans ma vie, je crois en l'abondance et je supprime tous les blocages de la pauvreté". Lorsque la bougie est consumée, vous pouvez jeter les restes et les pièces peuvent être dépensées.

Rituel pour rembourser une dette.

Ce rituel est plus efficace si vous le réalisez un jeudi ou un vendredi à l'heure de la planète Vénus ou du Soleil.

Vous aurez besoin :

- 1 collier de perles

-1 morceau de tissu rouge

- 1 améthyste

-1 pierre de rivière

Étalez le tissu rouge sur une table, placez le collier en forme de cercle et au milieu, placez la tasse avec le lait, là où vous avez précédemment placé l'améthyste et la pierre de rivière. Debout devant cette coupe, répétez dans votre esprit : "Toutes les dettes disparaissent de ma vie, je suis libéré de l'esclavage des dettes". Laissez-le ainsi pendant 24 heures. Le lendemain, jetez le lait et gardez le collier, l'améthyste et les pierres dans un sac à main que vous n'utilisez pas.

Sorts avec des noix de coco pour obtenir de l'argent.

Vous avez besoin :

- 3 noix de coco entières

- 1 verre d'eau de pluie ou d'eau de lune

- 1 bougie blanche

Le vendredi soir, avant de vous coucher, vous placez les trois noix de coco à côté de votre lit, à hauteur de votre tête. À côté, vous placez le verre d'eau sacrée et la bougie blanche allumée. Le lendemain matin, en vous levant, vous versez l'eau devant votre maison. Ramassez les noix de coco une par une et, avec votre main gauche, passez-les sur votre corps. Tout en faisant cela, répétez mentalement : "Je suis un aimant et j'attire continuellement l'abondance et la prospérité".

Le Bain de Prospérité.

Placez de nombreuses feuilles de rue, d'eucalyptus, d'orange, de romarin, de persil et des pétales de tournesol dans un grand bol d'eau sacrée. Avec vos mains, vous pressez les feuilles et les laissez macérer pendant 10 minutes. Filtrez ce mélange et après votre bain habituel, versez-le sur votre tête. Vous ne devez pas vous sécher.

Jeter des sorts pour gagner aux jeux de hasard.

Ce sort est super efficace si vous le faites un vendredi à l'heure de la planète Vénus ou Jupiter.

Prenez votre portefeuille ou votre sac à main et mettez-y du gros sel marin. Vous devez également y placer une grosse coupure. Fermez le portefeuille et attachez-le avec un ruban doré. En le nouant, répétez à haute voix : "Ce puissant sel d'abondance va multiplier mon argent et m'attirer la chance au jeu. Vous devez laisser le portefeuille pendant une semaine sous votre oreiller, après quoi vous jetez le sel dans le sol et laissez le portefeuille dans votre porte-monnaie (qui ne doit pas être utilisé pour jouer) à côté d'une feuille de rue masculine.

Les pentacles de Jupiter qui vous garantiront la prospérité.

Les pentacles sont des figures magiques, capables de transmettre des énergies positives à leur environnement. L'action des Pentacles de Jupiter est dérivée de la combinaison de lettres, de signes et de formules bénéfiques, ils symbolisent graphiquement et mystiquement un souhait. Ils agissent clairement sur la psyché des personnes qui ont un contact visuel avec eux.

La plus grande compilation de pentacles se trouve dans Les Clavicules du roi Salomon, un volume de haute magie attribué à ce roi biblique. On y trouve 36 pentacles qui ont des fonctions diverses et parmi eux, les sept pentacles de Jupiter.

Les pentacles pour prospérer.

Le but de ces pentacles est de procurer l'abondance, de résoudre les conflits liés au travail et d'aider à percevoir plus directement toutes sortes d'avantages qui assurent une plus grande prospérité.

Jupiter, appelé le grand bénéfique en astrologie, est une planète liée à l'expansion, à l'optimisme, aux liens avec des personnes puissantes et à la capacité de faire fortune. Vous devez les dessiner avec une grande concentration et avec l'intention qu'ils manifestent votre volonté. Le matériau le plus approprié est un morceau de parchemin. Une fois qu'ils sont terminés, ils doivent être accrochés dans un endroit visible, comme la caisse enregistreuse ou dans votre portefeuille. (Vous pouvez les imprimer).

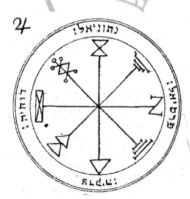

Premier pentacle de Jupiter.

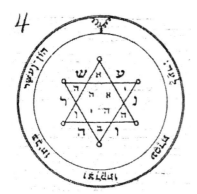

Second Pentacle de Jupiter.

Troisième Pentacle de Jupiter.

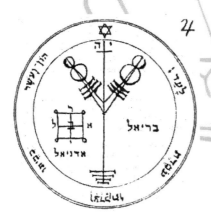

Quatrième Pentacle de Jupiter.

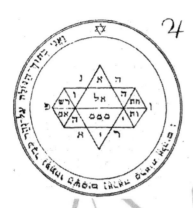

Cinquième Pentacle de Jupiter.

Sixième pentacle de Jupiter.

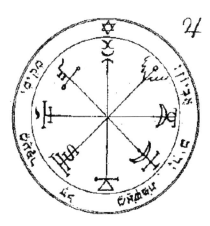

Septième pentacle de Jupiter.

King Midas Star. Le symbole Reiki de l'abondance et de la prospérité.

L'une des histoires les plus populaires est celle de la touche Midas. Tout ce que le roi Midas a touché s'est transformé en or. (Y compris sa fille) À un moment donné de notre vie, lorsque nous avons connu une crise financière, je suis convaincu que nous avons souhaité avoir la touche Midas.

L'étoile du roi Midas est un symbole de prospérité qui est enseigné dans le Reiki. Elle apporte non seulement des changements dans tous les domaines de la vie où il y a des blocages, mais elle nous aide aussi à atteindre nos objectifs.

Être en phase avec le symbole ne signifie pas que nous pouvons dépenser notre argent de manière triviale. Avec l'aide de ce symbole, il y aura un flux d'argent abondant dans votre vie. Une ligne rouge tracée sous le symbole amplifie la puissance du symbole ; l'énergie devient également beaucoup plus ancrée.

L'étoile de Midas. Symbole de prospérité et d'abondance dans le Reiki.

Le symbole peut être dessiné sur des espèces ou des chèques que vous recevez. Vous pouvez le dessiner sur un morceau de papier et le conserver dans votre boîte Reiki pour vous assurer argent et abondance. C'est l'un des symboles Reiki les plus protégés et être en phase avec lui peut faire des merveilles.

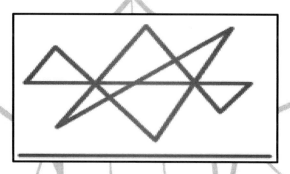

Symbole de manifestation de la prospérité en Reiki.

Vous pouvez réaliser le symbole de manifestation de la manière suivante. Prenez une feuille de papier et écrivez ce que vous souhaitez en termes financiers et dessinez le symbole de manifestation sur les quatre côtés de la feuille, gardez-la dans votre boîte à souhait ou dans votre portefeuille.

Symbole de manifestation.

La boîte à souhait financiers.

Choisissez une boîte en bois et, à l'intérieur de la boîte, dessinez au stylo vert le symbole de la manifestation et le symbole de l'argent reiki sur un côté de la boîte. De l'autre côté, avec un stylo rouge, dessinez les symboles Vasudha et Chokurei. Sur le troisième côté, vous dessinez le symbole du maître DayKoMio au stylo bleu et sur le quatrième côté, vous dessinez le symbole SeiHeiKi et le signe du dollar Reiki au stylo orange. Ensuite, vous pouvez écrire vos objectifs financiers pour l'année sur une feuille de papier et les placer dans la boîte. Vous pouvez également indiquer d'autres objectifs et tout ce que vous souhaitez manifester en termes d'abondance, par exemple : "J'obtiens de nombreux clients et je gagne XX dollars par mois" ou "J'achète une maison en bord de mer et j'y vivrai heureux avec ma famille". Une fois que vous les avez placés dans votre boîte, donnez du Reiki une fois par semaine, en visualisant la manifestation de vos souhaits.

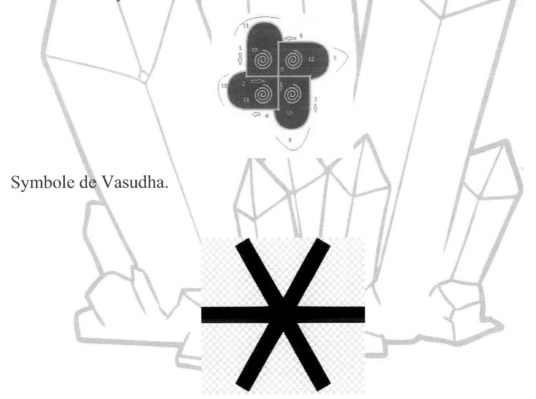

Symbole de Vasudha.

Symbole de l'argent dans le Reiki.

De l'argent.

Parfois, la raison la plus importante pour laquelle nous n'avons pas assez d'argent ne réside pas dans notre manque d'éducation professionnelle, notre chance ou notre destin. Elle se trouve dans notre subconscient. Vous attirez ce que vous êtes, si vous croyez vraiment que vous méritez d'avoir assez d'argent, vous enverrez cette vibration dans l'univers et l'argent entrera dans votre vie. Si vous croyez inconsciemment que l'argent est difficile à trouver ou qu'il n'est réservé qu'à quelques chanceux, vous bloquez le flux d'argent dans votre vie. Les blocages de l'abondance financière résultent d'idées profondément ancrées sur la pauvreté. Beaucoup d'entre nous ont été programmés pour croire que nous devons travailler avec ténacité pour vivre une vie prospère. La vérité est que vous n'avez pas besoin de travailler dur toute la journée pour profiter de l'abondance financière. Vous devez travailler intelligemment, afin d'attirer l'abondance financière et la prospérité.

Une condition importante pour attirer la prospérité est d'être reconnaissant pour votre emploi ou les autres sources de revenus que vous avez, même si vous ne les aimez pas en ce moment, soyez reconnaissant pour le fait qu'ils vous aident à vous protéger financièrement. Chaque fois que vous recevez de l'argent, aussi petit soit-il, remerciez-en l'Univers. Lorsque vous regardez votre compte bancaire, soyez reconnaissant pour l'argent qui circule dans votre vie. Être reconnaissant pour ce que vous avez vous aide non seulement à apprécier et à profiter de tout ce que vous avez, mais aussi à en attirer davantage dans votre vie.

Epilogue

Et pourtant, ça marche !

La magie a toujours fonctionné pour ceux qui maîtrisent ses secrets. Au fil des siècles, la magie a été utilisée à toutes sortes de fins. La magie est dans tous les coins et recoins, il suffit de regarder attentivement. Au cours de notre vie, nous vivons de nombreuses expériences et événements qui prouvent que la magie existe, même si certains préfèrent les appeler des miracles.

"La magie est un pont qui permet de passer du monde visible au monde invisible. Et tirer les leçons des deux mondes".

- Paulo Coelho

Bibliographie

Agesta, J. G. (1980) Sacré Numericable Codes. Source inconnue

Remerciements

A propos de l'auteur

En plus de ses connaissances astrologiques, Alina Rubi a une formation professionnelle abondante ; elle détient des certifications en psychologie, en hypnose, en reiki, en guérison bioénergétique par le cristal, en guérison angélique, en interprétation des rêves et elle est instructeur spirituel. Elle possède des connaissances en gemmologie, qu'elle utilise pour programmer des pierres ou des minéraux et les transformer en de puissantes amulettes ou talismans de protection.

Rubi a un caractère pratique et axé sur les résultats, ce qui lui a permis d'avoir une vision particulière et intégrative de divers univers, facilitant ainsi la résolution de problèmes spécifiques. Alina écrit les horoscopes mensuels pour le site de l'Association américaine des astrologues, vous pouvez les lire sur le site www.astrologers.com. Elle rédige actuellement une chronique hebdomadaire sur les questions spirituelles pour le journal El Nuevo Herald, publiée tous les vendredis en version numérique et les lundis en version imprimée. Elle a sa propre rubrique numérique sur l'astrologie dans le journal Diario las Américas, Rubi Astrologa.

Rubi a écrit plusieurs articles sur l'astrologie pour la publication mensuelle "Today's Astrologer", a donné des cours sur l'astrologie, le tarot, la lecture des lignes de la main, la guérison par le cristal et l'ésotérisme. Elle a un Facebook live les lundis de chaque mois sur sa page Facebook avec des horoscopes hebdomadaires. Elle avait sa propre émission d'astrologie diffusée quotidiennement sur Flamingo T.V., elle a été interviewée par plusieurs émissions de télévision et de radio, chaque année elle publie son annuaire avec l'horoscope signe par signe et d'autres sujets mystiques intéressants.

Elle est l'auteur du livre "Rice and Beans for the Soul", une compilation d'articles ésotériques, publiée en anglais et en espagnol.

Elle termine actuellement l'écriture des deuxièmes et troisièmes parties de cette trilogie sur les sorts et les rituels, "L'amour pour tous les cœurs" et "La santé pour tous les corps".

Rubi parle parfaitement l'anglais et l'espagnol, combinant tous ses talents et ses connaissances dans ses lectures. Elle réside actuellement à Miami, en Floride.

Pour plus d'informations, vous pouvez la contacter à l'adresse électronique : astralrain29@gmail.com www.esoterismomagia.com.

Printed in Poland
by Amazon Fulfillment
Poland Sp. z o.o., Wrocław

17713104R00101